P9-BZG-129

A SPANISH READER

Jorge Luis Borges

nextext

Contenido

CUENTOS

*A lo largo del libro, las palabras de vocabulario aparecen en
negrita y llevan notas a pie de página. Las palabras y frases
especializadas o técnicas aparecen sin negrita y llevan notas
a pie de página. Las notas originales de Jorge Luis Borges están
marcadas con un asterisco.*

Introduction

En esta casa vivía la familia Borges en el barrio de Palermo, Buenos Aires.

Biografía

La niñez

Jorge Luis Borges nació en Buenos Aires, Argentina, en el año 1899. Fue el primer hijo de Jorge Guillermo Borges y Leonor Acevedo Haedo, padres que le enseñaron, desde su nacimiento, un respeto profundo hacia sus antepasados, tanto los soldados valientes como los intelectuales. Borges aprendió el inglés y el español al mismo tiempo gracias a su abuela inglesa que vivió con la familia Borges. Era un niño singular, avergonzado por un lado por su debilidad física, sobre todo por su miopía. Por otro lado, estaba fascinado por el mundo intelectual y la gran biblioteca de su padre, un abogado que mostraba interés en los temas de psicología, metafísica, poesía y literatura. Borges supo desde muy temprana edad que quería ser escritor.

Los años en Europa

El padre de Borges padecía de una ceguera casi total, y en el año 1914, dejó su profesión y llevó a su familia a Suiza a pasar unas vacaciones. Se quedaron en Suiza durante la Primera Guerra Mundial, años en que Borges aprendió el alemán, el francés y el latín. Descubrió la filosofía de Schopenhauer y las obras de Chesterton, Whitman y Carlyle. También seguía leyendo las obras de Stevenson, Twain y Wells.

Después de la guerra, la familia viajó a España, donde se instalaron primero en Mallorca, y luego en Sevilla y Madrid. En Sevilla, Borges conoció a un grupo de jóvenes poetas vanguardistas, los ultraístas, que intentaban crear un estilo poco sentimental y marcado por la abundancia de metáforas. En estos años, los escritores preferidos de Borges eran Machado, Quevedo y Unamuno.

Borges pasó mucho tiempo viajando cuando era joven. Leía mucho y recibió una educación bilingüe.

El retorno a la Argentina

En 1921, la familia Borges volvió a Buenos Aires, donde Borges encontró de nuevo la ciudad de su infancia. En los años veinte, escribió poemas en honor a la ciudad y ensayos que examinaban temas literarios y filosóficos. Su obra de esta década está caracterizada por su energía, su confianza y su preocupación con la idea de que el lenguaje debe ser totalmente expresivo, sin ornamentos suplementarios.

La década de los treinta fue bastante difícil para Borges. Estuvo afectado por la depresión económica en el mundo, el ascenso del fascismo en la Argentina, la muerte de su padre en 1938 y una herida en la cabeza que casi le costó la vida (hecho en que está basado su cuento "El Sur"). Borges decidió compaginar su tarea de escritor con un trabajo que solicitó en una biblioteca de su ciudad. En esa época estaba quedándose ciego como su padre y sus antepasados. Borges empezó a escribir más prosa que poesía y sus temas preferidos pasaron a ser más oscuros y metafísicos, siempre con los juegos intelectuales como herramientas de escritura. Más adelante, en los años sesenta y setenta, Borges volvió a la poesía.

La fama

Hasta que compartió con Samuel Beckett el Premio Formentor, la obra de Borges sólo era leída por un pequeño círculo de lectores en Buenos Aires y otras ciudades de América Latina. Sin embargo, a partir de 1961, su obra ha sido traducida y leída en todo el mundo.

Borges es el escritor hispano cuyas obras se han reimprimido en mayor número que las de cualquier otro escritor en lengua española. En comparación con lo poco que escribió, abundan los estudios y los textos de crítica sobre él. El mundo literario lo considera como uno de los fundadores de la nueva literatura latinoamericana del siglo XX; la crítica internacional lo ha aclamado como un genio.

Borges murió en Ginebra, Suiza, en junio de 1986.

...s tarde en su vida, Borges disfrutó ...fama internacional. A pesar de su ...guera, viajó por todo el mundo para ...r conferencias y recibir premios.

Cronología

1899—Jorge Luis Borges nace el 24 de agosto en Buenos Aires.

1914—La familia Borges se va a Suiza, donde se queda durante la Primera Guerra Mundial.

1919—Los Borges se van a España, donde Borges empieza a escribir poemas al estilo ultraísta.

1921—Borges vuelve a Buenos Aires.

1923—*Fervor de Buenos Aires*

1925—*Luna de enfrente, Inquisiciones*

1929—*Cuaderno San Martín*

1930—*Evaristo Carriego*

1935—*Historia universal de la infamia*

1938—El padre de Borges muere y Borges sufre una grave herida en la cabeza.

1941—*El jardín de senderos que se bifurcan* (su primera colección de cuentos)

1944—*Ficciones*

1947—*Nueva refutación del tiempo*

1949—*El Aleph*

1952—*Otras inquisiciones*

1953—*El "Martín Fierro"*

1955—Con la caída del dictador Perón, Borges es nombrado director de la Biblioteca Nacional de Buenos Aires.

1961—Comparte el Premio Formentor con Samuel Beckett y gana fama mundial.

1967—Se casa con Elsa Astete Millán, matrimonio que dura menos de tres años.

1972—*El oro de los tigres*

1973—Perón gana la presidencia de Argentina; Borges deja su puesto de director de la Biblioteca Nacional.

1975—*El libro de arena, La rosa profunda, Prólogos.* La madre de Borges muere.

1976—*La moneda de hierro*

1977—*Historia de la noche*

1982—*Nueve ensayos dantescos*

1984—Viaja por Europa con su amiga y ex alumna, María Kodama.

1985—*Los conjurados*

1986—Se casa con María Kodama en abril. El 14 de junio, Borges muere de cáncer hepático en Ginebra.

Características de la obra de Borges

Una de las características más importantes de la obra de Borges es su erudición. Al principio, su obra puede intimidar al lector por su vocabulario esotérico y sus historias laberínticas. Sin embargo, cuando el lector se ha acostumbrado al estilo de Borges, puede empezar a disfrutar de los juegos intelectuales que emplea el autor.

Juegos literarios

Estos juegos imitan algunos de los temas complicados de Borges. (Véanse las páginas 16–17.) Por ejemplo, muchas veces Borges incluye citas de obras en otros idiomas, sin traducción. Borges juega con la confianza del lector ya que las citas refuerzan lo que él mismo está diciendo. La mayoría de las veces el lector no puede traducirlas. En otros casos las citas se refieren a libros que no existen. Borges cuenta con que el lector no sabrá si estas citas son de libros verdaderos o ficticios, y así acentúa la imposibilidad de tener fe absoluta en lo que escribe un escritor. La confianza que se tiene en las fuentes de autoridad es una de las cosas que Borges más critica en su obra.

Una de las imágenes preferidas de Borges es el laberinto infinito, porque puede ser un símbolo de la confusión del hombre en el universo.

Aunque Borges adquirió fama por sus ensayos y cuentos, él siempre quería ser conocido como gran poeta. La poesía temprana de Borges contiene las metáforas características del movimiento ultraísta, que cultiva un estilo bastante complicado. A partir de los años veinte, Borges abandona el ultraísmo y escribe una poesía más directa. Su poesía está llena de sus juegos y típicas sorpresas. Mucha de su poesía, sobre todo la temprana, describe su pasión por su ciudad natal, Buenos Aires.

La mezcla de géneros

Esta antología clasifica la obra de Borges en tres grupos generales: ensayos, cuentos y poemas. A pesar del intento general de catalogar su obra en divisiones tradicionales, Borges tiene una forma de escribir que trasciende los géneros, sobre todo los de ensayo, cuento y narración. Por ejemplo, algunas partes de "Tlön, Uqbar, Orbis Tertius" parecen ser sacadas de un informe de investigación. Otras son típicas de un cuento. Con la mezcla de géneros, Borges puede jugar con las reglas de la literatura tradicional y las ideas preconcebidas que tienen los lectores.

Características de su escritura

Teniendo en cuenta lo mencionado anteriormente, se pueden hacer algunas generalizaciones sobre la obra de Borges. Sus cuentos están normalmente narrados en tercera persona, muchas veces con otros narradores dentro de la ficción para esconder la voz del propio Borges. Algunos relatos tienen la apariencia de cuentos de detectives, pero en vez de una intriga tradicional, el misterio trata de algún tema metafísico de los que Borges prefiere. En otros, como en "El jardín de senderos que se bifurcan," el tema más importante de la historia que se narra está presentado dentro de un contexto de guerra y espionaje.

Las imágenes preferidas de Borges

Frecuentemente, Borges utiliza imágenes distorsionantes, como laberintos y espejos, como mecanismos que representan las posibilidades infinitas de la realidad. Otras figuras preferidas de Borges son el juego de ajedrez, por sus posibilidades infinitas; las referencias al cuento árabe *Las mil y una noches*, por la simetría del número 1001; y las referencias a tigres y rosas como símbolos del infinito.

Temas comunes

Los temas que recorren la obra de Borges son temas metafísicos, especialmente los que presentan la lucha entre el hombre y la imposibilidad de comprender el universo. Para Borges, la realidad es algo poco concreto, que depende más del punto de vista que de los hechos absolutos.

Borges toca una placa dedicada a Edgar Allen Poe, uno de los muchos escritores que han influido notablemente la obra del argentino.

El hombre y la autoridad

Borges critica el intento del hombre de ordenar la realidad para hacerla más comprensible. Para él, la idea de que algo, una enciclopedia, por ejemplo, pretenda contener toda la información del mundo, es ridícula. Borges critica la necesidad del hombre de tener una autoridad que lo sabe todo en la búsqueda de la verdad absoluta. Esta autoridad puede ser un libro, una persona erudita, o quizás un líder de gobierno, un dictador como Perón o incluso Hitler. Aunque los temas de Borges son abstractos, también se los puede aplicar a la vida de manera más concreta.

El tiempo

El problema del tiempo es otro tema que le interesa a Borges. Normalmente, se considera el tiempo como algo lineal, pero Borges examina la posibilidad de que pueda haber diferentes ideas del tiempo. Cantidades diferentes del tiempo podrían coexistir a la vez, como en "El milagro secreto." Otra posibilidad es que haya diferentes divisiones de tiempo, que están occuriendo a la misma vez pero con desenlaces diferentes, como en "El jardín de senderos que se bifurcan."

La interpretación de la realidad

Borges también se preocupa con la posibilidad de que el hombre no es lo que aparenta. Por ejemplo, en el cuento "Las ruinas circulares," el hombre no es más que el sueño de otro. En "Tlön, Uqbar, Orbis Tertius" hay universos distintos del hombre. La confusión de la identidad también se puede ver en "Pierre Menard, autor del Quijote" y del propio Borges en "Borges y yo." También importante en la obra de Borges es la separación casi inexistente entre la realidad y el sueño, ejemplificada en el cuento "El Sur."

soybeans

Yo, judío

La fama local de Borges en Buenos Aires se incrementó en la década de los años treinta. Algunos de sus críticos lo veían como un escritor europeizante. El escritor argentino respondió con este miniensayo donde afirma su afinidad con el pueblo de Israel. Éste es un texto capital para entender la manera en que Borges se veía a sí mismo y al cosmopolitismo en su obra.

Como los drusos,[1] como la luna, como la muerte, como la semana que viene, el pasado remoto es de aquellas cosas que pueden enriquecer la ignorancia. Es infinitamente plástico y agradable, mucho más servicial que el porvenir y mucho menos exigente de esfuerzos. Es la estación famosa y predilecta de las mitologías.

¿Quién no jugó a los antepasados alguna vez, a las prehistorias de su carne y su sangre? Yo lo hago muchas veces, y muchas no me disgustó pensarme judío. Se trata de una hipótesis **haragana**,[2] de una aventura

---

[1] drusos—Druses; inhabitants of Libya and Syria who believe in a religion that combines Muhammadanism, Judaism, and Christianity.

[2] **haragana**—idle.

sedentaria y frugal que a nadie **perjudica**,[3] ni siquiera a la fama de Israel, ya que mi judaísmo era sin palabras, como las canciones de Mendelssohn. *Crisol*, en su número del 30 de enero, ha querido **halagar**[4] esa retrospectiva esperanza y habla de mi "ascendencia judía maliciosamente ocultada" (el participio y el adverbio me maravillan).

Borges Acevedo es mi nombre. Ramos Mejía, en cierta nota del capítulo quinto de *Rosas y su tiempo*, enumera los apellidos porteños[5] de aquella fecha para demostrar que todos, o casi todos, "procedían de **cepa**[6] hebreoportuguesa". Acevedo figura en ese catálogo: único documento de mis pretensiones judías, hasta la confirmación de *Crisol*. Sin embargo, el capitán Honorio Acevedo ha realizado investigaciones precisas que no puedo ignorar. Ellas me indican el primer Acevedo que desembarcó en esta tierra, el catalán don Pedro de Azevedo, maestre de campo, ya poblador del "Pago de los Arroyos" en 1728, padre y antepasado de **estancieros**[7] de esta provincia, **varón**[8] de quien informan los Anales del Rosario de Santa Fe y los documentos para la historia del Virreinato —abuelo, en fin, casi irreparablemente español.

Doscientos años y no doy con el israelita, doscientos años y el antepasado me elude.

Agradezco el estímulo de *Crisol*, pero está enflaqueciendo mi esperanza de entroncar con la Mesa de los Panes y con el Mar de Bronce, con Heine, Gleizer y los diez Sefiroth; con el Eclesiastés y con Chaplin.

Estadísticamente los hebreos eran de lo más reducido. ¿Qué pensaríamos de un hombre del año

---

[3] **perjudica**—harm.

[4] **halagar**—to flatter.

[5] porteños—coming from a seaport; in this case, from the principal port of Buenos Aires.

[6] **cepa**—origin.

[7] **estancieros**—ranchers.

[8] **varón**—man, male.

cuatro mil, que descubriera sanjuaninos[9] por todos lados? Nuestros inquisidores buscan hebreos, nunca fenicios, garamantas, escitas, babilonios, persas, egipcios, hunos, vándalos, ostrogodos, etíopes, dardanios, paflagonios, sármatas, medos, otomanos, bereberes, britanos, libios, cíclopes y lapitas.[10] Las noches de Alejandría, de Babilonia, de Cartago, de Menfis, nunca pudieron engendrar un abuelo, sólo a las tribus del bituminoso Mar Muerto les fue **deparado**[11] ese don.

---

[9] sanjuaninos—inhabitants of San Juan, a city in northwest Argentina.

[10] hebreos. . . y lapitas.—Hebrews, never Phoenicians, Garamantes, Scythians, Babylonians, Persians, Egyptians, Huns, Vandals, Ostrogoths, Ethiopians, Dardanians, Paphlagonians, Sarmatians, Medians, Ottomans, Berbers, Britons, Libyans, Cyclopes, and Lapithae.

[11] **deparado**—offered.

PREGUNTAS

1. "¿Qué pensaríamos de un hombre del año cuatro mil, que descubriera sanjuaninos por todos lados?" Explica qué quiere decir el autor argentino con estas palabras.

2. ¿Qué visión tiene Borges de sí mismo y de sus críticos? ¿Cómo lo sabes?

3. ¿En qué tono está escrito este ensayo? Analiza los recursos que utiliza Borges para conseguir ese tono. Cita ejemplos del texto.

La flor de Coleridge

Borges toca aquí el tema de la literatura y la realidad, manifestando una de las maneras en que se puede interpretar el papel del hombre en el universo.

Hacia 1938, Paul Valéry escribió: "La Historia de la literatura no debería ser la historia de los autores y de los accidentes de su **carrera**[1] o de la carrera de sus obras sino la Historia del Espíritu como productor o consumidor de literatura. Esa historia podría llevarse a término sin mencionar un solo escritor." No era la primera vez que el Espíritu formulaba esa observación; en 1844, en el pueblo de Concord, otro de sus amanuenses[2] había **anotado**:[3] Diríase que una sola persona ha **redactado**[4] cuantos libros hay en el mundo; tal unidad central hay en ellos que es innegable que son obra de un solo caballero omnisciente" (Emerson:

---

[1] **carrera**—career.

[2] amanuenses—amanuenses; people employed to take dictation or copy manuscripts.

[3] **anotado**—noted, made note of.

[4] **redactado**—written, edited.

Essays, 2, VIII). Veinte años antes, Shelley dictaminó que todos los poemas del pasado, del presente y del **porvenir**,[5] son episodios o fragmentos de un solo poema infinito, **erigido**[6] por todos los poetas del **orbe**[7] (*A Defence of Poetry*, 1821).

Esas consideraciones (implícitas, desde luego, en el panteísmo) permitirían un inacabable debate; yo, ahora, las invoco para ejecutar un modesto propósito: la historia de la evolución de una idea, a través de los textos heterogéneos de tres autores. El primer texto es una nota de Coleridge; ignoro si éste la escribió a fines del siglo XVIII, o a principios del XIX. Dice, literalmente: "Si un hombre **atravesara**[8] el Paraíso en un sueño, y le dieran una flor como prueba de que había estado allí, y si al despertar encontrara esa flor en su mano... ¿entonces, qué?".

No sé qué opinará mi lector de esa imaginación; yo la juzgo perfecta. Usarla como base de otras invenciones felices, parece previamente imposible; tiene la integridad y la unidad de un *terminus ad quem*, de una **meta**.[9] Claro está que lo es, en el orden de la literatura, como en los otros, no hay acto que no sea coronación de una infinita serie de causas y **manantial**[10] de una infinita serie de efectos. Detrás de la invención de Coleridge está la general y antigua invención de las generaciones de amantes que pidieron como **prenda**[11] una flor.

El segundo texto que alegaré es una novela que Wells **bosquejó**[12] en 1887 y reescribió siete años después, en el verano de 1894. La primera versión se tituló *The*

---

[5] **porvenir**—future.

[6] **erigido**—established, founded.

[7] **orbe**—orb, universe.

[8] **atravesara**—crossed over, crossed through.

[9] **meta**—goal, objective.

[10] **manantial**—spring, fountain.

[11] **prenda**—pledge, token.

[12] **bosquejó**—outlined, sketched.

Chronic Argonauts (en este título **abolido**,[13] *chronic* tiene el valor etimológico de *temporal*); la definitiva, *The Time Machine*,* Wells, en esa novela, continúa y reforma una antiquísima tradición literaria: la previsión de hechos futuros. Isaías ve la desolación de Babilonia y la restauración de Israel; Eneas, el destino militar de su posteridad, los romanos; la profetisa de la *Edda Saemundi*, la vuelta de los dioses que, después de la cíclica batalla en que nuestra tierra perecerá, descubrirán, **tiradas**[14] en el pasto de una nueva **pradera**,[15] las piezas de **ajedrez**[16] con que antes jugaron... El protagonista de Wells, a diferencia de tales espectadores proféticos, viaja físicamente al porvenir. Vuelve **rendido**,[17] polvoriento y **maltrecho**;[18] vuelve de una remota humanidad que se ha **bifurcado**[19] en especies que se odian (los **ociosos**[20] *eloi*, que habitan en palacios dilapidados y en ruinosos jardines; los subterráneos y nictálopes[21] *morlocks*, que se **alimentan**[22] de los primeros); vuelve con las **sienes**[23] **encanecidas**[24] y trae del porvenir una flor marchita. Tal es la segunda versión de la imagen de Coleridge. Más increíble que una flor celestial o que la flor de un sueño es la flor

---

* No he leído *The Sense of the Past,* pero conozco el suficiente análisis de Stephen Spender, en su obra *The Destructive Element* (páginas 105–110). James fue amigo de Wells; para su relación puede consultarse el vasto *Experiment in Autobiography* de éste.

[13] **abolido**—abolished.

[14] **tiradas**—thrown, cast.

[15] **pradera**—large prairie.

[16] **ajedrez**—chess.

[17] **rendido**—exhausted.

[18] **maltrecho**—depleted, in a bad state.

[19] **bifurcado**—bifurcated, forked.

[20] **ociosos**—idle.

[21] nictálopes—nyctalopes; beings suffering from night-blindness.

[22] **alimentan**—nourish, feed.

[23] **sienes**—temples.

[24] **encanecidas**—gray-haired.

futura, la contradictoria flor cuyos átomos ahora ocupan otros lugares y no se combinaron aún.

La tercera versión que comentaré, la más trabajada, es invención de un escritor harto más complejo que Wells, si bien menos **dotado**[25] de esas agradables virtudes que es usual llamar clásicas. Me refiero al autor de *La humillación de los Northmore,* el triste y laberíntico Henry James. Éste, al morir dejó inconclusa una novela de carácter fantástico, *The Sense of the Past,* que es una variación o elaboración de *The Time Machine.* El protagonista de Wells viaja al porvenir en un inconcebible vehículo, que progresa o **retrocede**[26] en el tiempo como los otros vehículos en el espacio, el de James regresa al pasado, al siglo XVIII, a fuerza de compenetrarse con esa época. (Los dos procedimientos son imposibles, pero es menos arbitrario el de James.) En *The Sense of the Past,* el **nexo**[27] entre lo real y lo imaginativo (entre la actualidad y el pasado) no es una flor, como en las anteriores ficciones; es un retrato que data del siglo XVIII y que misteriosamente representa al protagonista. Éste, fascinado por esa **tela**,[28] consigue **trasladarse**[29] a la fecha en que la ejecutaron. Entre las personas que encuentra, figura, necesariamente, el pintor; éste lo pinta con temor y con aversión, pues intuye algo desacostumbrado y anómalo en esas facciones futuras... James crea, así, un incomparable *regressus in infinitum,* ya que su héroe, Ralph Pendrel, se traslada al siglo XVIII. La causa es posterior al efecto, el motivo del viaje es una de las consecuencias del viaje.

Wells, **verosímilmente**,[30] desconocía el texto de Coleridge; Henry James conocía y admiraba el texto

---

[25] **dotado**—gifted, endowed.

[26] **retrocede**—turns back, recedes.

[27] **nexo**—nexus, link.

[28] **tela**—material, fabric, cloth.

[29] **trasladarse**—to move.

[30] **verosímilmente**—verisimilarly, probably.

de Wells. Claro está que si es válida la doctrina de que todos los autores son un autor,* tales hechos son insignificantes. En rigor, no es indispensable ir tan lejos; el panteísta que declara que la pluralidad de los autores es ilusoria, encuentra inesperado apoyo en el clasicista, según el cual esa pluralidad importa muy poco. Para las mentes clásicas, la literatura es lo esencial, no los individuos. George Moore y James Joyce han incorporado en sus obras, páginas y sentencias **ajenas**;[31] Oscar Wilde solía regalar argumentos para que otros los ejecutaran; ambas conductas, aunque superficialmente contrarias, pueden evidenciar un mismo sentido del arte. Un sentido **ecuménico**,[32] impersonal... Otro testigo de la unidad profunda del Verbo, otro negador de los límites del sujeto, fue el **insigne**[33] Ben Jonson, que **empeñado**[34] en la tarea de formular su testamento literario y los **dictámenes**[35] propicios o adversos que sus contemporáneos le merecían, se redujo a **ensamblar**[36] fragmentos de Séneca, de Quintiliano, de Justo Lipsio, de Vives, de Erasmo, de Maquiavelo, de Bacon y de los dos Escalígeros.

Una observación última. Quienes **minuciosamente**[37] copian a un escritor, lo hacen impersonalmente, lo hacen porque confunden a ese escritor con la literatura, lo hacen porque sospechan que apartarse de él en un punto es apartarse de la razón y de la ortodoxia.

---

* Al promediar el siglo XVII, el epigramista del panteísmo Angelus Silesius dijo que todos los bienaventurados son uno (*Cherubinischer Wandersmann*, V. 7) y que todo cristiano debe ser Cristo (*op.cit.*, V. 9).

[31] **ajenas**—extraneous, foreign, alien.

[32] **ecuménico**—ecumenical, universal.

[33] **insigne**—famous, renowned.

[34] **empeñado**—committed.

[35] **dictámenes**—reports.

[36] **ensamblar**—to assemble.

[37] **minuciosamente**—with attention to detail.

Durante muchos años, yo creí que la casi infinita literatura estaba en un hombre. Ese hombre fue Carlyle, fue Johannes Becher, fue Whitman, fue Rafael Cansinos-Asséns, fue De Quincey.

PREGUNTAS

1. ¿Cuál es el propósito de Borges en este ensayo? ¿Qué se propone demostrar?

2. En este ensayo Borges cita ejemplos de la literatura que van desde la actualidad hasta el pasado. ¿Qué se propone demostrar con esos ejemplos?

3. ¿Qué elementos conectan las obras que menciona Borges de Coleridge, Wells y Henry James?

4. "...la literatura es lo esencial, no los individuos." Comenta esta frase en relación al objetivo principal de este ensayo.

Magias parciales del Quijote

En este pequeño ensayo se desarrolla el tema de la tensión entre irrealidad y literatura. Borges sugiere que todos nosotros somos personajes de una gran novela infinita escrita por Dios. El impacto de esta idea en la obra de otros escritores, desde Gabriel García Márquez a Salman Rushdie, es inconmensurable.

Es verosímil que estas observaciones hayan sido enunciadas alguna vez y, quizá muchas veces; la discusión de su novedad me interesa menos que la de su posible verdad.

Cotejado[1] con otros libros clásicos (la Ilíada, la Eneida, la Farsalia, la Comedia dantesca, las tragedias y comedias de Shakespeare), el Quijote[2] es realista; este realismo, sin embargo, difiere esencialmente del que ejerció el siglo XIX. Joseph Conrad pudo escribir que

---

[1] **Cotejado**—compared.

[2] el Quijote—*Don Quijote de la Mancha*, famous Spanish novel by Miguel de Cervantes (1547–1616). *Don Quijote*, considered the first modern novel, deals with the theme of illusion versus reality.

excluía de su obra lo sobrenatural, porque admitirlo parecía negar que lo **cotidiano**[3] fuera maravilloso: ignoro si Miguel de Cervantes compartió esa intuición, pero sé que la forma del Quijote le hizo contraponer a un mundo imaginario poético, un mundo real prosáico. Conrad y Henry James novelaron la realidad porque la juzgaban poética; para Cervantes son **antinomias**[4] lo real y lo poético. A las vastas y vagas geografías del Amadís opone los **polvorientos**[5] caminos y los sórdidos **mesones**[6] de Castilla; imaginemos a un novelista de nuestro tiempo que **destacara**[7] con sentido paródico las estaciones de aprovisionamiento de nafta. Cervantes ha creado para nosotros la poesía de la España del siglo XVII, pero ni aquel siglo ni aquella España eran poéticas para él; hombres como Unamuno o Azorín o Antonio Machado, **enternecidos**[8] ante la evocación de la Mancha, le hubieran sido incomprensibles. El plan de su obra le **vedaba**[9] lo maravilloso; éste, sin embargo, tenía que figurar, siquiera de manera indirecta, como los crímenes y el misterio en una parodia de la novela policial. Cervantes no podía recurrir a **talismanes**[10] o a **sortilegios**,[11] pero insinuó lo sobrenatural de un modo **sutil**,[12] y, por ello mismo, más eficaz. Íntimamente, Cervantes amaba lo **sobrenatural**.[13] Paul Groussac, en 1924, observó: "Con alguna mal fijada tintura de latín e

---

[3] **cotidiano**—daily.

[4] **antinomias**—contradictions or oppositions, especially between two laws or principles.

[5] **polvorientos**—dusty.

[6] **mesones**—taverns.

[7] **destacara**—emphasizes.

[8] **enternecidos**—moved or touched.

[9] **vedaba**—prohibited.

[10] **talismanes**—talismans, good luck charms.

[11] **sortilegios**—magic spells.

[12] **sutil**—subtle.

[13] **sobrenatural**—supernatural.

italiano, la **cosecha**[14] literaria de Cervantes provenía sobre todo de las novelas pastoriles y las novelas de caballerías, fábulas arrulladoras del cautiverio." El *Quijote* es menos un antídoto de esas ficciones que una secreta despedida nostálgica.

En la realidad, cada novela es un plano ideal; Cervantes se **complace**[15] en confundir lo objetivo y lo subjetivo, el mundo del lector y el mundo del libro. En aquellos capítulos que discuten si la bacía[16] del barbero es un **yelmo**[17] y la albarda[18] un jaez,[19] el problema se trata de modo explícito; en otros lugares, como ya anoté, lo insinúa. En el sexto capítulo de la primera parte, el **cura**[20] y el barbero revisan la biblioteca de don Quijote; **asombrosamente**[21] uno de los libros examinados es la *Galatea* de Cervantes, y resulta que el barbero es amigo suyo y no lo admira demasiado, y dice que es más versado en **desdichas**[22] que en versos y que el libro tiene algo de buena invención, propone algo y no concluye nada. El barbero, sueño de Cervantes o forma de un sueño de Cervantes, juzga a Cervantes... También es sorprendente saber, en el principio del noveno capítulo, que la novela entera ha sido traducida del árabe y que Cervantes adquirió el manuscrito en el mercado de Toledo, y lo hizo traducir por un morisco,[23] a quien **alojó**[24] más de mes y medio en su casa, mientras concluía la tarea. Pensamos en Carlyle, que fingió que el *Sartor Resartus* era versión parcial de una obra

---

[14] **cosecha**—harvest, crop.

[15] **complace**—pleases, humors, accommodates, gratifies.

[16] bacía—barber's bowl.

[17] **yelmo**—helmet.

[18] albarda—packsaddle.

[19] jaez—harness.

[20] **cura**—vicar, parish priest.

[21] **asombrosamente**—amazingly.

[22] **desdichas**—misfortunes.

[23] morisco—child of a Spaniard and a Moor.

[24] **alojó**—lodged.

publicada en Alemania por el doctor Diógenes Teufelsdroeckh; pensamos en el **rabino**[25] castellano Moisés de León, que compuso el *Zohar o Libro del Esplendor* y lo divulgó como obra de un rabino palestiniano del siglo III.

Ese juego de extrañas ambigüedades culmina en la segunda parte; los protagonistas han leído la primera, los protagonistas del *Quijote* son, asimismo, lectores del *Quijote*. Aquí es inevitable recordar el caso de Shakespeare, que incluye en el **escenario**[26] de *Hamlet* otro escenario, donde se representa una tragedia, que es más o menos la de *Hamlet;* la correspondencia imperfecta de la obra principal y la secundaria **aminora**[27] la eficacia de esa inclusión. Un artificio análogo al de Cervantes, y aun más asombroso, figura en el *Ramayana,* poema de Valmiki, que narra las **proezas**[28] de Rama y su guerra con los demonios. En el libro final, los hijos de Rama, que no saben quién es su padre, buscan **amparo**[29] en una **selva**,[30] donde un asceta[31] les enseña a leer. Ese maestro es, extrañamente, Valmiki; el libro en que estudian, el *Ramayana.* Rama ordena un sacrificio de caballos; a esa fiesta **acude**[32] Valmiki con sus alumnos. Éstos acompañados por el **laúd**,[33] cantan el *Ramayana.* Rama oye su propia historia, reconoce a sus hijos y luego **recompensa**[34] al poeta... Algo parecido ha obrado el azar en *Las Mil y Una Noches.* Esta compilación de historias fantásticas duplica y reduplica hasta el

---

[25] **rabino**—rabbi.

[26] **escenario**—scene.

[27] **aminora**—diminishes, reduces, lessens.

[28] **proezas**—exploits, feats.

[29] **amparo**—shelter, sanctuary.

[30] **selva**—forest, jungle.

[31] asceta—ascetic; one who denounces material comforts as an act of self-discipline or religious piety.

[32] **acude**—responds.

[33] **laúd**—lute.

[34] **recompensa**—compensates, rewards.

vértigo la ramificación de un cuento central en cuentos
adventicios, pero no trata de graduar sus realidades, y el
efecto (que debió ser profundo) es superficial, como una
alfombra[35] persa. Es conocida la historia **liminar**[36] de la
serie: el desolado **juramento**[37] del rey, que cada noche se
desposa[38] con una virgen que hace decapitar en el alba,
y la resolución de Shahrazad, que lo distrae con fábulas,
hasta que encima de los dos han girado mil y una
noches y ella le muestra su hijo. La necesidad de
completar mil y una secciones obligó a los copistas de
la obra a interpolaciones de todas clases. Ninguna tan
perturbadora como la de la noche DCII, mágica entre
las noches.

En esa noche, el rey oye de boca de la reina su propia
historia. Oye el principio de la historia, que abarca a
todas las demás, y también —de monstruoso modo—, a
sí misma. ¿Intuye claramente el lector la vasta posibilidad
de esa interpolación, el curioso peligro? Que la reina
persista y el inmóvil rey oirá para siempre la trunca
historia de *Las Mil y Una Noches,* ahora infinita y
circular. . . Las invenciones de la filosofía no son menos
fantásticas que las del arte: Josiah Royce, en el primer
volumen de la obra *The World and the Individual* (1899),
ha formulado la siguiente: "Imaginemos que una porción
del suelo de Inglaterra ha sido nivelada perfectamente y
que en ella **traza**[39] un cartógrafo un mapa de Inglaterra.
La obra es perfecta; no hay detalle del suelo de
Inglaterra, por diminuto que sea, que no esté registrado
en el mapa; todo tiene ahí su correspondencia. Ese
mapa, en tal caso, debe contener un mapa del mapa, que
debe contener un mapa del mapa del mapa, y así hasta
lo infinito." ¿Por qué nos inquieta que el mapa esté

---

[35] **alfombra**—rug.

[36] **liminar**—introductory.

[37] **juramento**—oath, promise.

[38] **desposa**—marries.

[39] **traza**—draws, traces.

incluido en el mapa y las mil y una noches en el libro de *Las Mil y Una Noches*? ¿Por qué nos inquieta que Don Quijote sea lector del *Quijote,* y Hamlet, espectador de *Hamlet*? Creo haber dado con la causa: tales inversiones **sugieren**[40] que si los caracteres de una ficción pueden ser lectores o espectadores, nosotros, sus lectores o espectadores, podemos ser ficticios. En 1833, Carlyle observó que la historia universal es un infinito libro sagrado que todos los hombres escriben y leen y tratan de entender, y en el que también los escriben.

---

[40] **sugieren**—suggest.

PREGUNTAS

1. ¿Qué objetivo lleva a Borges a escribir este ensayo?

2. Según el punto de vista de Borges, ¿qué elementos tienen en común el *Hamlet* de Shakespeare, el *Ramayana* de Valmiki y *Las Mil y Una Noches*?

3. ". . . la historia universal es un infinito libro sagrado que todos los hombres escriben y leen y tratan de entender, y en el que también los escriben." Comenta el sentido de esta frase en relación a la conclusión a la que llega Borges en este ensayo.

La muralla y los libros

Este texto establece una relación intelectual entre la política y la historia. Escrito a fines de la década de los cuarenta, es una comparación de tres manifestaciones de una misma metáfora literaria.

> **He, whose long wall the wand'ring Tartar bounds. . .**
>
> Dunciad, II, 76.

Leí, días pasados, que el hombre que ordenó la **edificación**[1] de la casi infinita muralla china fue aquel primer Emperador, Shih Huang Ti, que asimismo dispuso que se quemaran todos los libros anteriores a él. Que las dos vastas operaciones —las quinientas a seiscientas **leguas**[2] de piedra **opuestas**[3] a los bárbaros, la rigurosa abolición de la historia, es decir del pasado—

---

[1] **edificación**—construction.

[2] leguas—league; a unit of distance equal to 3.0 statute miles (4.8 kilometers).

[3] **opuestas**—placed or located directly across from something else or from each other.

procedieran de una persona y fueran de algún modo sus atributos, inexplicablemente me satisfizo y, a la vez, me inquietó. **Indagar**[4] las razones de esa emoción es el fin de esta nota.

Históricamente, no hay misterio en las dos **medidas**.[5] Contemporáneo de las guerras de Aníbal Shih Huang Ti, rey de Tsin, redujo a su poder los Seis Reinos y borró el sistema feudal; **erigió**[6] la **muralla**,[7] porque las murallas eran defensas; quemó los libros, porque la oposición los invocaba para **alabar**[8] a los antiguos emperadores. Quemar libros y erigir fortificaciones es tarea común de los príncipes; lo único singular en Shih Huang Ti fue la escala en que obró. Así lo dejan entender algunos sinólogos, pero yo siento que los hechos que he referido son algo más que una exageración o una hipérbole de disposiciones triviales. Cercar un **huerto**[9] o un jardín es común; no, cercar un imperio. Tampoco es **baladí**[10] pretender que la más tradicional de las **razas**[11] renuncie a la memoria de su pasado, mítico o verdadero. Tres mil años de cronología tenían los chinos (y en esos años, el Emperador Amarillo y Chuang Tzu y Confucio y Lao Tzu), cuando Shih Huang Ti ordenó que la historia empezara con él.

Shih Huang Ti había **desterrado**[12] a su madre por libertina; en su dura justicia, los ortodoxos no vieron otra cosa que una impiedad; Shih Huang Ti, tal vez, quiso borrar los libros **canónigos**[13] porque éstos lo acusaban; Shih Huang Ti, tal vez, quiso abolir todo el

---

[4] **Indagar**—to investigate.

[5] **medidas**—measures, steps, precautions.

[6] **erigió**—erected, built.

[7] **muralla**—city wall.

[8] **alabar**—to praise, extol.

[9] **huerto**—fruit or vegetable garden, orchard.

[10] **baladí**—trifling, trivial, of little importance.

[11] **razas**—races, breeds.

[12] **desterrado**—exiled, banished.

[13] **canónigos**—canonical; conforming to orthodox rules.

pasado para abolir un solo recuerdo: la infamia de su madre. (No de otra suerte un rey, en Judea, hizo matar a todos los niños para matar a uno.) Esta conjetura es atendible, pero nada nos dice de la muralla, de la segunda cara del mito. Shih Huang Ti, según los historiadores, prohibió que se mencionara la muerte y buscó el elixir de la inmortalidad y se recluyó en un palacio figurativo, que constaba de tantas habitaciones como hay días en el año; estos datos sugieren que la muralla en el espacio y el incendio en el tiempo fueron **barreras**[14] mágicas destinadas a detener la muerte. Todas las cosas quieren persistir en su ser, ha escrito Baruch Spinoza; quizás el Emperador y sus magos creyeron que la inmortalidad es intrínseca y que la corrupción no puede entrar en un orbe cerrado. Quizá el Emperador quiso recrear el principio del tiempo y se llamó Primero, para ser realmente primero, y se llamó Huang Ti, para ser de algún modo Huang Ti, el legendario emperador que inventó la escritura y la **brújula**.[15] Éste, según el Libro de los **Ritos**,[16] dio su nombre verdadero a las cosas; parejamente Shih Huang Ti se **jactó**,[17] en inscripciones que perduran, de que todas las cosas, bajo su imperio, tuvieran el nombre que les conviene. Soñó fundar una dinastía inmortal; ordenó que sus herederos se llamaran Segundo Emperador, Tercer Emperador, Cuarto Emperador, y así hasta lo infinito... He hablado de un propósito mágico; también cabría suponer que erigir la muralla y quemar los libros no fueron actos simultáneos. Esto (según el orden que eligiéramos) nos daría la imagen de un rey que empezó por destruir y luego se resignó a conservar, o la de un rey **desengañado**[18] que destruyó lo que antes

---

[14] **barreras**—barriers.

[15] **brújula**—compass.

[16] **Ritos**—rites.

[17] **jactó**—boasted, bragged.

[18] **desengañado**—disillusioned.

defendía. Ambas conjeturas son dramáticas, pero **carecen**,[19] que yo sepa, de base histórica. Herbert Allen Giles cuenta que quienes ocultaron libros fueron marcados con un hierro **candente**[20] y condenados a construir, hasta el día de su muerte, la **desaforada**[21] muralla. Esta noticia favorece o tolera otra interpretación. Acaso la muralla fue una metáfora, acaso Shih Huang Ti condenó a quienes adoraban el pasado a una obra tan vasta como el pasado, tan torpe y tan inútil. Acaso la muralla fue un desafío y Shih Huang Ti pensó: "Los hombres aman el pasado y contra ese amor nada puedo, ni pueden mis **verdugos**,[22] pero alguna vez habrá un hombre que sienta como yo, y ése **destruirá**[23] mi muralla, como yo he destruido los libros, y ése borrará mi memoria y será mi sombra y mi espejo y no lo sabrá." Acaso Shih Huang Ti amuralló el imperio porque sabía que éste era **deleznable**[24] y destruyó los libros por entender que eran libros **sagrados**,[25] o sea libros que enseñan lo que enseña el universo entero o la conciencia de cada hombre. Acaso el incendio de las bibliotecas y la edificación de la muralla son operaciones que de un modo secreto se anulan.

La muralla **tenaz**[26] que en este momento, y en todos, proyecta sobre tierras que no veré, su sistema de sombras, es la sombra de un César que ordenó que la más reverente de las naciones quemara su pasado, es verosímil que la idea nos toque de por sí, fuera de las conjeturas que permite. (Su virtud puede estar en la oposición de construir y destruir, en enorme escala.)

---

[19] **carecen**—lack, are in need of.

[20] **candente**—red hot.

[21] **desaforada**—immense, endless.

[22] **verdugos**—executioners.

[23] **destruirá**—will destroy.

[24] **deleznable**—perishable.

[25] **sagrados**—sacred.

[26] **tenaz**—tenacious; holding together firmly.

Generalizando el caso anterior, podríamos inferir que *todas* las formas tienen su virtud en sí mismas y no en un "contenido" conjetural. Esto concordaría con la tesis de Benedetto Croce; ya Pater, en 1877, afirmó que todas las artes aspiran a la condición de la música, que no es otra cosa que forma. La música, los estados de felicidad, la mitología, las caras trabajadas por el tiempo, ciertos **crepúsculos**[27] y ciertos lugares, quieren decirnos algo, o algo dijeron que no hubiéramos debido perder, o están por decir algo; esta inminencia de una revelación que no se produce, es, quizás, el hecho estético.

Buenos Aires, 1950.

---

[27] **crepúsculos**—twilights, dawns.

PREGUNTAS

1. ¿Qué intenta razonar Borges en este ensayo? ¿Por qué?

2. ¿Qué conjeturas expone en su razonamiento?

3. ¿Qué concluye Borges con la frase "Todas las formas tienen su virtud en sí mismas y no en un 'contenido' conjetural"?

El ruiseñor de Keats

En esta demostración del ensayo literario, Borges desarrolla un tema a través de sus ecos infinitos. Su estilo se basa en la utilización de muchas referencias bibliográficas.

Quienes han frecuentado la poesía lírica de Inglaterra no olvidarán la *Oda a un ruiseñor*[1] que John Keats, tísico,[2] pobre y acaso infortunado en amor, compuso en un jardín de Hampstead, a la edad de veintitrés años, en una de las noches del mes de abril de 1819. Keats, en el jardín suburbano, oyó el eterno ruiseñor de Ovidio y de Shakespeare y sintió su propia mortalidad y la contrastó con la **tenue**[3] voz **imperecedera**[4] del invisible pájaro. Keats había escrito que el poeta debe dar poesías naturalmente, como el árbol da hojas; dos o tres horas le bastaron para producir esas páginas

---

[1] *Oda a un ruiseñor—Ode to a Nightingale.*

[2] tísico—consumptive; afflicted by consumption, a disease marked by a progressive wasting of body tissue.

[3] **tenue**—tenuous, thin, light.

[4] **imperecedera**—everlasting.

de **inagotable**[5] e insaciable hermosura, que apenas **limaría**[6] después; su virtud, que yo sepa, no ha sido discutida por nadie, pero sí la interpretación. El **nudo**[7] del problema está en la penúltima **estrofa**.[8] El hombre circunstancial y mortal se dirige al pájaro, "que no huellan las hambrientas generaciones" y cuya voz, ahora, es la que en campos de Israel, una antigua tarde, oyó Ruth la moabita.[9]

En su monografía sobre Keats, publicada en 1887, Sidney Colvin (corresponsal y amigo de Stevenson) percibió o inventó una dificultad en la estrofa de que hablo. Copio su curiosa declaración: "Con un error de lógica, que a mi parecer, es también una **falla**[10] poética, Keats opone a la fugacidad de la vida humana por la que entiende la vida del individuo, la permanencia de la vida del pájaro, por la que entiende la vida de la especie." En 1895 Bridges repitió la denuncia: F.R. Leavis la aprobó en 1936 y le agregó el escolio: "Naturalmente, la falacia incluida en este concepto prueba la intensidad del sentimiento que la prohijó. . ." Keats, en la primera estrofa de su poema, había llamado *dríade*[11] al ruiseñor; otro crítico, Garrod, seriamente alegó ese epíteto para dictaminar que en la séptima, el **ave**[12] es inmortal porque es una dríade, una divinidad de los bosques. Amy Lowell escribió con mejor acierto: "El lector que tenga una **chispa**[13] de sentido imaginativo

---

[5] **inagotable**—inexhaustible, infinite.

[6] **limaría**—would file, would smooth.

[7] **nudo**—crux, crucial point.

[8] **estrofa**—stanza, verse.

[9] Ruth la moabita—great-grandmother of David, a Moabite, member of a West Semitic people who lived in the highlands of the Dead Sea (now in west central Jordan) and flourished in the 9th century B.C.

[10] **falla**—fault, flaw.

[11] *dríade*—a bird considered a divinity of the forests.

[12] **ave**—bird.

[13] **chispa**—spark, small bit.

o poético intuirá inmediatamente que Keats no se refiere al ruiseñor que cantaba en ese momento, sino a la especie."

Cinco dictámenes de cinco críticos actuales y pasados he recogido; entiendo que de todos el menos vano es el de la norteamericana Amy Lowell, pero niego la oposición que en él se postula entre el efímero ruiseñor de esa noche y el ruiseñor genérico. La clave, la exacta clave de la estrofa, está, lo sospecho, en un párrafo metafísico de Schopenhauer,[14] que no la leyó nunca.

La *Oda a un ruiseñor* data de 1819; en 1844 apareció el segundo volumen de *El mundo como voluntad y representación*. En el capítulo 41 se lee: "Preguntémonos con sinceridad si la **golondrina**[15] de este verano es otra que la del primero y si realmente entre las dos el milagro de sacar algo de la nada ha ocurrido millones de veces para ser **burlado**[16] otras tantas por la aniquilación absoluta. Quien me oiga asegurar que ese gato que está jugando ahí es el mismo que **brincaba**[17] y que **traveseaba**[18] en ese lugar hace trescientos años pensará de mí lo que quiera, pero **locura**[19] más extraña es imaginar que fundamentalmente es otro." Es decir, el individuo es de algún modo la especie, y el ruiseñor de Keats es también el ruiseñor de Ruth.

Keats, que, sin exagerada injusticia, pudo escribir: "No sé nada, no he leído nada", adivinó a través de las páginas de algún diccionario escolar el espíritu griego; sutilísima prueba de esa **adivinación**[20] o recreación es haber intuido en el oscuro ruiseñor de una noche el

---

[14] Schopenhauer—Arthur Schopenhauer (1788–1811), Prussian pessimist philosopher.

[15] **golondrina**—swallow.

[16] **burlado**—mocked or deceived.

[17] **brincaba**—hopped up and down.

[18] **traveseaba**—frolicked, romped.

[19] **locura**—madness, insanity.

[20] **adivinación**—guesswork.

ruiseñor platónico.[21] Keats, acaso incapaz de definir la palabra *arquetipo,* se anticipó en un cuarto de siglo a una tesis de Schopenhauer.

Aclarada así la dificultad, queda por aclarar una segunda, de muy diversa **índole**.[22] ¿Cómo no dieron con esta interpretación evidente Garrod y Leavis y los otros?* Leavis es profesor de uno de los colegios de Cambridge; —la ciudad que, en el siglo XVII, congregó y dio nombre a los *Cambridge Platonists*—; Bridges escribió un poema platónico titulado *The Fourth Dimension;* la mera enumeración de estos hechos parece agravar el enigma. Si no me equivoco, su razón deriva de algo esencial en la mente británica.

Observa Coleridge que todos los hombres nacen aristotélicos[23] o platónicos. Los últimos sienten que las clases, los órdenes y los géneros son realidades; los primeros, que son generalizaciones; para éstos, el lenguaje no es otra cosa que un aproximativo juego de símbolos; para aquéllos es el mapa del universo. El platónico sabe que el universo es de algún modo un cosmos, un orden; ese orden, para el aristotélico, puede ser un error o una ficción de nuestro conocimiento parcial. A través de las latitudes y de las épocas, los dos antagonistas inmortales cambian de dialecto y de nombre: uno es Parménides, Platón, Spinoza, Kant, Francis Bradley; el otro, Heráclito, Aristóteles, Locke, Hume, William James. En las **arduas**[24] escuelas de la Edad Media, todos invocan a Aristóteles, maestro de la humana razón *(Convivio,* IV, 2), pero los nominalistas son Aristóteles; los realistas, Platón. El nominalismo

---

* A los que habría que agregar el genial poeta William Butler Yeats que, en la primera estrofa de *Sailing to Byzantium,* habla de las "murientes generaciones" de pájaros, con alusión deliberada o involuntaria a la Oda. Véase T. R. Henn: *The Lonely Tower,* 1950, pág. 211.

[21] platónico—having to do with Platonic philosophy.

[22] **índole**—nature, kind.

[23] aristotélicos—adherents of Aristotelean philosophy.

[24] **arduas**—arduous, hard.

inglés del siglo XIV resurge en el escrupuloso idealismo inglés del siglo XVIII; la economía de la fórmula de Occam, *entia non sunt multiplicanda praeter necessitatem* permite o prefigura el no menos taxativo *esse est percipi*. Los hombres, dijo Coleridge, nacen aristotélicos o platónicos; de la mente inglesa cabe afirmar que nació aristotélica. Lo real, para esa mente, no son los conceptos abstractos, sino los individuos; no el ruiseñor genérico, sino los ruiseñores concretos. Es natural, es acaso inevitable, que en Inglaterra no sea comprendida **rectamente**[25] la *Oda a un ruiseñor*.

Que nadie lea una **reprobación**[26] o un **desdén**[27] en las anteriores palabras. El inglés **rechaza**[28] lo genérico porque siente que lo individual es irreductible, inasimilable e **impar**.[29] Un escrúpulo ético, no una incapacidad especulativa, le impide traficar en abstracciones, como los alemanes. No entiende la *Oda a un ruiseñor;* esa valiosa incomprensión le permite ser Locke, ser Berkeley y ser Hume, y redactar, hará setenta años, las no escuchadas y proféticas advertencias del *Individuo contra el Estado*.

El ruiseñor, en todas las lenguas del orbe, goza de nombres melodiosos *(nightingale, nachtigall, usignolo)*, como si los hombres instintivamente hubieran querido que éstos no desmerecieran del canto que los maravilló. Tanto lo han exaltado los poetas que ahora es un poco irreal; menos afín a la **calandria**[30] que al ángel. Desde los enigmas sajones[31] del Libro de Exeter ("yo, antiguo cantor de la tarde, traigo a los nobles alegría en las villas")

---

[25] **rectamente**—correctly, properly.

[26] **reprobación**—disapproval.

[27] **desdén**—disdain, scorn.

[28] **rechaza**—rejects.

[29] **impar**—without equal.

[30] **calandria**—lark.

[31] sajones—Saxons; here, a group of people who lived at the mouth of the River Elba, some of whom invaded and settled in England in the 5th century.

hasta la trágica *Atalanta* de Swinburne, el infinito ruiseñor ha cantado en la literatura británica; Chaucer y Shakespeare lo celebran, Milton y Matthew Arnold, pero a John Keats unimos fatalmente su imagen como a Blake la del tigre.

PREGUNTAS

1. Según el punto de vista de Borges, ¿cuál es la virtud de Keats?

2. ¿Cuál es la primera dificultad que se propone aclarar Borges con relación a la *Oda a un ruiseñor* de Keats, advertida por Sidney Colvin y aclarada posteriormente por otros autores?

3. Después de aclarar la primera dificultad, ¿a qué atribuye Borges la incomprensión de la *Oda a un ruiseñor* por parte de los ingleses?

4. ¿En qué sentido fue fructífera la incomprensión de los ingleses?

El escritor argentino y la tradición

En esta conferencia de importancia fundamental, Borges discute el tema de la autenticidad en el arte. Sus ecos son muchos en sociedades multiculturales como la de los Estados Unidos, donde el arte está impregnado de claves étnicas y religiosas.

Quiero formular y justificar algunas proposiciones escépticas sobre el problema del escritor argentino y la tradición. Mi escepticismo no se refiere a la dificultad o imposibilidad de resolverlo, sino a la existencia misma del problema. Creo que nos enfrenta un tema retórico, apto para **desarrollos**[1] patéticos; más que de una verdadera dificultad mental entiendo que se trata de una apariencia, de un simulacro, de un seudoproblema.

Antes de examinarlo, quiero considerar los planteos y soluciones más **corrientes**.[2] Empezaré por una solución que se ha hecho casi instintiva, que se presenta sin

---

[1] **desarrollos**—developments.

[2] **corrientes**—current, common.

colaboración de razonamientos; la que afirma que la tradición literaria argentina ya existe en la poesía gauchesca.[3] Según ella, el léxico,[4] los procedimientos, los temas de la poesía gauchesca deben ilustrar al escritor contemporáneo, y son un punto de partida y quizá un arquetipo. Es la solución más común y por eso pienso **demorarme**[5] en su examen.

Ha sido propuesta por Lugones en *El payador*; ahí se lee que los argentinos poseemos un poema clásico, el *Martín Fierro*,[6] y que ese poema debe ser para nosotros lo que los poemas homéricos fueron para los griegos. Parece difícil contradecir esta opinión, sin menoscabo del *Martín Fierro*. Creo que el *Martín Fierro* es la obra más **perdurable**[7] que hemos escrito los argentinos; y creo con la misma intensidad que no podemos suponer que el *Martin Fierro* es, como algunas veces se ha dicho, nuestra Biblia, nuestro libro canónico.

Ricardo Rojas, que también ha recomendado la canonización del *Martín Fierro,* tiene una página, en su *Historia de la literatura argentina,* que parece casi un lugar común y que es una **astucia**.[8]

Rojas estudia la poesía de los gauchescos, es decir, la poesía de Hidalgo, Ascasubi, Estanislao del Campo y José Hernández, y la deriva de la poesía de los payadores,[9] de la espontánea poesía de los gauchos. Hace notar que el metro de la poesía popular es el octosílabo y que los autores de la poesía gauchesca

---

[3] gauchesca—pertaining to gauchos, Argentine cowboys.

[4] léxico—a lexicon or list of words of the alphabet or a particular language.

[5] **demorarme**—to linger.

[6] *Martín Fierro*—poem by Sarmiento that is regarded as a symbol for Argentine gaucho culture.

[7] **perdurable**—lasting, enduring.

[8] **astucia**—a clever trick.

[9] payadores—traveling country singers who accompany themselves on guitars.

manejan[10] ese metro, y acaba por considerar la poesía de los gauchescos, como una continuación o magnificación de la poesía de los payadores.

Sospecho[11] que hay un grave error en esta afirmación, podríamos decir un hábil error, porque se ve que Rojas, para dar **raíz**[12] popular a la poesía de los gauchescos, que empieza en Hidalgo y culmina en Hernández, la presenta como una continuación o derivación de la de los gauchos, y así, Bartolomé Hidalgo es, no el Homero de esta poesía, como dijo Mitre, sino un **eslabón**.[13]

Ricardo Rojas hace de Hidalgo un payador; sin embargo, según la misma *Historia de la literatura argentina,* este supuesto payador empezó componiendo versos endecasílabos, metro naturalmente vedado a los payadores, que no **percibían**[14] su armonía, como no percibieron la armonía del endecasílabo los lectores españoles, cuando Garcilaso lo importó de Italia.

Entiendo que hay una diferencia fundamental entre la poesía de los gauchos y la poesía gauchesca. Basta comparar cualquier colección de poesías populares con el *Martín Fierro,* con el *Paulino Lucero,* con el *Fausto,* para advertir esa diferencia, que está no menos en el léxico que en el propósito de los poetas. Los poetas populares del campo y del suburbio versifican temas generales: las penas del amor y de la **ausencia**,[15] el dolor del amor, y lo hacen en un léxico muy general también; en cambio, los poetas gauchescos cultivan un lenguaje deliberadamente popular, que los poetas populares no **ensayan**.[16] No quiero decir que el idioma de los poetas populares sea un español correcto, quiero decir que si

---

[10] **manejan**—manage.

[11] **Sospecho**—I suspect.

[12] **raíz**—origin, root.

[13] **eslabón**—link.

[14] **percibían**—did (not) perceive.

[15] **ausencia**—absence.

[16] **ensayan**—practice.

hay incorrecciones son obra de la ignorancia. En cambio, en los poetas gauchescos hay una busca de las palabras nativas, una profusión de color local. La prueba es ésta: un colombiano, un mejicano o un español pueden comprender inmediatamente las poesías de los payadores, de los gauchos, y en cambio necesitan un glosario para comprender, **siquiera**[17] aproximadamente, a Estanislao del Campo o Ascasubi.

Todo esto puede **resumirse**[18] así: la poesía gauchesca, que ha producido —me apresuro a repetirlo— obras admirables, es un género literario tan artificial como cualquier otro. En las primeras composiciones gauchescas, en las **trovas**[19] de Bartolomé Hidalgo, ya hay un **propósito**[20] de presentarlas en función del gaucho, como dichas por gauchos, para que el lector las lea con una entonación gauchesca. Nada más lejos de la poesía popular.

El pueblo —y esto yo lo he observado no sólo en los payadores de la campaña, sino en los de las **orillas**[21] de Buenos Aires—, cuando versifica, tiene la convicción de ejecutar algo importante, y **rehuye**[22] instintivamente las voces populares y busca voces y giros altisonantes. Es probable que ahora la poesía gauchesca haya influido en los payadores y éstos abunden también en criollismos,[23] pero en el principio no ocurrió así, y tenemos una prueba (que nadie ha señalado) en el *Martín Fierro*.

El *Martín Fierro* está redactado en un español de entonación gauchesca y no nos deja olvidar durante mucho tiempo que es un gaucho el que canta; abunda en comparaciones tomadas de la vida **pastoril**;[24] sin

---

[17] **siquiera**—at least.

[18] **resumirse**—to be summarized.

[19] **trovas**—songs, ballads.

[20] **propósito**—purpose.

[21] **orillas**—shores, banks.

[22] **rehuye**—shies away from.

[23] criollismos—Creole sayings or expressions.

[24] **pastoril**—pastoral; idyllic and rural.

embargo, hay un pasaje famoso en que el autor olvida esta preocupación de color local y escribe en un español general, y no habla de temas vernáculos, sino de grandes temas abstractos, del tiempo, del espacio, del mar, de la noche. Me refiero a la payada entre Martín Fierro y el Moreno, que ocupa el fin de la segunda parte. Es como si el mismo Hernández hubiera querido indicar la diferencia entre su poesía gauchesca y la genuina poesía de los gauchos. Cuando esos dos gauchos, Fierro y el Moreno, se ponen a cantar, olvidan toda afectación gauchesca y **abordan**[25] temas filosóficos. He podido comprobar lo mismo oyendo a payadores de las orillas; éstos rehuyen el versificar en orillero o lunfardo[26] y tratan de expresarse con corrección. Desde luego **fracasan**,[27] pero su propósito es hacer de la poesía algo alto; algo distinguido, podríamos decir con una sonrisa.

La idea de que la poesía argentina debe abundar en **rasgos**[28] diferenciales argentinos y en color local argentino me parece una **equivocación**.[29] Si nos preguntan qué libro es más argentino, el *Martín Fierro* o los sonetos de *La urna* de Enrique Banchs, no hay ninguna razón para decir que es más argentino el primero. Se dirá que en *La urna* de Banchs no están el paisaje argentino, la topografía argentina, la botánica argentina, la zoología argentina; sin embargo, hay otras condiciones argentinas en *La urna*.

Recuerdo ahora unos versos de *La urna* que parecen escritos para que no pueda decirse que es un libro argentino; son los que dicen: ". . . El sol en los **tejados**[30] / y en las ventanas brilla. Ruiseñores / quieren decir que están enamorados."

---

[25] **abordan**—deal with, tackle.

[26] lunfardo—slang that originated in Buenos Aires.

[27] **fracasan**—fail, fall through.

[28] **rasgos**—characteristics, features.

[29] **equivocación**—mistake.

[30] **tejados**—roofs.

Aquí parece inevitable condenar: "el sol en los tejados y en las ventanas brilla". Enrique Banchs escribió estos versos en un suburbio de Buenos Aires, y en los suburbios de Buenos Aires no hay tejados, sino **azoteas**;[31] ruiseñores quieren decir que están enamorados"; el ruiseñor es menos un pájaro de la realidad que de la literatura, de la tradición griega y germánica. Sin embargo, yo diría que en el manejo de estas imágenes convencionales, en esos tejados y en esos ruiseñores anómalos, no estarán desde luego la arquitectura ni la ornitología argentinas, pero están el **pudor**[32] argentino, la reticencia argentina; la circunstancia de que Banchs, al hablar de ese gran dolor que lo **abrumaba**,[33] al hablar de esa mujer que lo había dejado y había dejado vacío el mundo para él, recurra a imágenes extranjeras y convencionales como los tejados y los ruiseñores, es significativa: significativa del pudor, de la desconfianza, de las reticencias argentinas; de la dificultad que tenemos para las confidencias, para la intimidad.

Además, no sé si es necesario decir que la idea de que una literatura debe definirse por los rasgos diferenciales del país que la produce es una idea relativamente nueva; también es nueva y arbitraria la idea de que los escritores deben buscar temas de sus países. Sin ir más lejos, creo que Racine ni siquiera hubiera entendido a una persona que le hubiese **negado**[34] su **derecho**[35] al título de poeta francés por haber buscado temas griegos y latinos. Creo que Shakespeare se habría asombrado si hubieran **pretendido**[36] limitarlo a temas

---

[31] **azoteas**—flat roofs.

[32] **pudor**—sense of shame.

[33] **abrumaba**—overwhelmed.

[34] **negado**—denied or declined.

[35] **derecho**—right.

[36] **pretendido**—tried, attempted.

ingleses, y si le hubiesen dicho que, como inglés, no tenía derecho a escribir *Hamlet*, de tema escandinavo,[37] o *Macbeth*, de tema escocés.[38] El culto argentino del color local es un reciente culto europeo que los nacionalistas deberían rechazar por **foráneo**.[39]

He encontrado días pasados una curiosa confirmación de que lo verdaderamente nativo **suele**[40] y puede prescindir del color local; encontré esta confirmación en la *Historia de la declinación y caída del Imperio Romano* de Gibbon. Gibbon observa que en el libro árabe por excelencia, en el *Alcorán*, no hay **camellos**;[41] yo creo que si hubiera alguna duda sobre la autenticidad del *Alcorán*, bastaría esta ausencia de camellos para probar que es árabe. Fué escrito por Mahoma, y Mahoma, como árabe, no tenía por qué saber que los camellos eran especialmente árabes; eran para él parte de la realidad, no tenía por qué distinguirlos; en cambio, un falsario, un turista, un nacionalista árabe, lo primero que hubiera hecho es prodigar camellos, caravanas de camellos en cada página; pero Mahoma, como árabe, estaba tranquilo: sabía que podía ser árabe sin camellos. Creo que los argentinos podemos parecernos a Mahoma, podemos creer en la posibilidad de ser argentinos sin abundar en color local.

Séame permitida aquí una confidencia, una mínima confidencia. Durante muchos años, en libros ahora felizmente olvidados, traté de redactar el sabor, la esencia de los barrios extremos de Buenos Aires; naturalmente abundé en palabras locales, no prescindí

---

[37] escandinavo—Scandinavian.

[38] escocés—Scottish.

[39] **foráneo**—foreign.

[40] **suele**—is accustomed to (from the irregular verb *soler*, meaning "to be used to" or "to be accustomed to".)

[41] **camellos**—camels.

de palabras como cuchilleros,[42] milonga,[43] tapia,[44] y otras, y escribí así aquellos olvidables y olvidados libros; luego, hará un año, escribí una historia que se llama *La muerte y la brújula* que es una suerte de pesadilla, una pesadilla en que figuran elementos de Buenos Aires deformados por el horror de la pesadilla; pienso allí en el Paseo Colón y lo llamo Rue de Toulon, pienso en las quintas de Adrogué y las llamo Triste-le-Roy; publicada esa historia, mis amigos me dijeron que al fin habían encontrado en lo que yo escribía el sabor de las afueras de Buenos Aires. Precisamente porque no me había propuesto encontrar ese sabor, porque me había abandonado al sueño, pude **lograr**,[45] al cabo de tantos años, lo que antes busqué en vano.

Ahora quiero hablar de una obra, justamente ilustre que suelen invocar los nacionalistas. Me refiero a *Don Segundo Sombra* de Güiraldes. Los nacionalistas nos dicen que *Don Segundo Sombra* es el tipo de libro nacional; pero si comparamos *Don Segundo Sombra* con las obras de la tradición gauchesca, lo primero que notamos son diferencias. *Don Segundo Sombra* abunda en metáforas de un tipo que nada tiene que ver con el habla de la **campaña**[46] y sí con las metáforas de los **cenáculos**[47] contemporáneos de Montmartre. En cuanto a la **fábula**,[48] a la historia, es fácil comprobar en ella el influjo de *Kim* de Kipling, cuya acción está en la India y que fué escrito, a su vez, bajo el influjo de *Huckleberry Finn* de Mark Twain, **epopeya**[49] del Misisipí. Al hacer esta observación no quiero rebajar el valor de *Don Segundo*

---

[42] cuchilleros—cutlers, knife-makers.

[43] milonga—type of dance and music from the River Plate region.

[44] tapia—wall, fence.

[45] **lograr**—to attain, achieve, accomplish.

[46] **campaña**—countryside.

[47] **cenáculos**—cenacles, circles.

[48] **fábula**—fable.

[49] **epopeya**—epic.

Sombra; al contrario, quiero hacer resaltar que para que nosotros tuviéramos ese libro fue necesario que Güiraldes recordara la técnica poética de los cenáculos franceses de su tiempo, y la obra de Kipling que había leído hacía muchos años; es decir, Kipling, y Mark Twain, y las metáforas de los poetas franceses fueron necesarios para este libro argentino, para este libro que no es menos argentino, lo repito, por haber aceptado esas influencias.

Quiero señalar otra contradicción: los nacionalistas simulan **venerar**[50] las capacidades de la mente argentina pero quieren limitar el ejercicio poético de esa mente a algunos pobres temas locales, como si los argentinos sólo pudiéramos hablar de orillas y estancias y no del universo.

Pasemos a otra solución. Se dice que hay una tradición a la que debemos **acogernos**[51] los escritores argentinos, y que esa tradición es la literatura española. Este segundo consejo es desde luego un poco menos estrecho que el primero, pero también tiende a encerrarnos; muchas objeciones podrían hacérsele, pero basta con dos. La primera es ésta: la historia argentina puede definirse sin equivocación como un querer apartarse de España, como un voluntario distanciamiento de España. La segunda objeción es ésta: entre nosotros el placer de la literatura española, un placer que yo personalmente comparto, suele ser un gusto adquirido; yo muchas veces he prestado, a personas sin versación literaria especial, obras francesas e inglesas, y estos libros han sido gustados inmediatamente, sin esfuerzo. En cambio, cuando he propuesto a mis amigos la lectura de libros españoles, he comprobado que estos libros les eran difícilmente gustables sin un **aprendizaje**[52] especial; por eso creo que

---

[50] **venerar**—to revere, worship.

[51] **acogernos**—take refuge in.

[52] **aprendizaje**—learning.

el hecho de que algunos ilustres escritores argentinos escriban como españoles es menos el testimonio de una capacidad **heredada**[53] que una prueba de la versatilidad argentina.

Llego a una tercera opinión que he leído hace poco sobre los escritores argentinos y la tradición, y que me ha asombrado mucho. Viene a decir que nosotros, los argentinos, estamos **desvinculados**[54] del pasado; que ha habido como una solución de continuidad entre nosotros y Europa. Según este singular parecer, los argentinos estamos como en los primeros días de la creación; el hecho de buscar temas y procedimientos europeos es una ilusión, un error; debemos comprender que estamos esencialmente solos, y no podemos jugar a ser europeos.

Esta opinión me parece **infundada**.[55] Comprendo que muchos la acepten, porque esta declaración de nuestra soledad, de nuestra perdición, de nuestro carácter primitivo tiene, como el existencialismo, los **encantos**[56] de lo patético. Muchas personas pueden aceptar esta opinión porque una vez aceptada se sentirán solas, desconsoladas y, de algún modo, interesantes. Sin embargo, he observado que en nuestro país, precisamente por ser un país nuevo, hay un gran sentido del tiempo. Todo lo que ha ocurrido en Europa, los dramáticos **acontecimientos**[57] de los últimos años de Europa, han resonado profundamente aquí. El hecho de que una persona fuera **partidaria**[58] de los franquistas[59] o de los republicanos durante la guerra civil española, o fuera partidaria de los nazis o de los aliados, ha

---

[53] **heredada**—inherited.

[54] **desvinculados**—dissociated.

[55] **infundada**—unfounded, groundless.

[56] **encantos**—enchantments, delights.

[57] **acontecimientos**—events, happenings.

[58] **partidaria**—in favor of.

[59] franquistas—followers of Francisco Franco, who became dictator of Spain after the Spanish Civil War ended in 1939.

determinado en muchos casos **peleas**[60] y distanciamientos muy graves. Esto no ocurriría si estuviéramos desvinculados de Europa. En lo que se refiere a la historia argentina, creo que todos nosotros la sentimos profundamente; y es natural que la sintamos, porque está, por la cronología y por la sangre, muy cerca de nosotros; los nombres, las batallas de las guerras civiles, la guerra de la independencia, todo está, en el tiempo y en la tradición familiar, muy cerca de nosotros.

¿Cuál es la tradición argentina? Creo que podemos contestar fácilmente y que no hay problema en esta pregunta. Creo que nuestra tradición es toda la cultura occidental, y creo también que tenemos derecho a esta tradición, mayor que el que pueden tener los habitantes de una u otra nación occidental. Recuerdo aquí un ensayo de Thorstein Veblen, sociólogo norteamericano, sobre la preeminencia de los judíos en la cultura occidental. Se pregunta si esta preeminencia permite conjeturar una superioridad innata de los judíos, y contesta que no, dice que sobresalen en la cultura occidental, porque actúan dentro de esa cultura y al mismo tiempo no se sienten **atados**[61] a ella por una devoción especial; "por eso —dice— a un judío siempre le será más fácil que a un occidental no judío innovar en la cultura occidental"; y lo mismo podemos decir de los irlandeses en la cultura de Inglaterra. Tratándose de los irlandeses, no tenemos por qué suponer que la profusión de nombres irlandeses en la literatura y la filosofía británicas se deba a una preeminencia racial, porque muchos de esos irlandeses ilustres (Shaw, Berkeley, Swift) fueron descendientes de ingleses, fueron personas que no tenían sangre celta; sin embargo, les bastó el hecho de sentirse irlandeses, distintos, para innovar en la cultura inglesa. Creo que los argentinos,

---

[60] **peleas**—arguments, quarrels.

[61] **atados**—tied to, attached to.

los sudamericanos en general, estamos en una situación análoga; podemos manejar todos los temas europeos, manejarlos sin supersticiones, con una irreverencia que puede tener, y ya tiene, consecuencias afortunadas.

Esto no quiere decir que todos los experimentos argentinos sean igualmente felices; creo que este problema de la tradición y de lo argentino, es simplemente una forma contemporánea, y **fugaz**[62] del eterno problema del determinismo. Si yo voy a tocar la mesa con una de mis manos, y me pregunto: ¿la tocaré con la mano izquierda o con la mano derecha?; y luego la toco con la mano derecha, los deterministas dirán que yo no podía obrar de otro modo y que toda la historia anterior del universo me obligaba a tocarla con la mano derecha, y que tocarla con la mano izquierda hubiera sido un milagro. Sin embargo, si la hubiera tocado con la mano izquierda me habrían dicho lo mismo: que había estado obligado a tocarla con esa mano. Lo mismo ocurre con los temas y procedimientos literarios. Todo lo que hagamos con felicidad los escritores argentinos **pertenecerá**[63] a la tradición argentina, de igual modo que el hecho de tratar temas italianos pertenece a la tradición de Inglaterra por obra de Chaucer y de Shakespeare.

Creo, además, que todas estas discusiones previas sobre propósitos de ejecución literaria están basadas en el error de suponer que las intenciones y los proyectos importan mucho. Tomemos el caso de Kipling: Kipling dedicó su vida a escribir en función de determinados ideales políticos, quiso hacer de su obra un instrumento de propaganda y, sin embargo, al fin de su vida hubo de confesar que la verdadera esencia de la obra de un escritor suele ser ignorada por éste; y recordó el caso de Swift, que al escribir *Los viajes de Gulliver* quiso levantar un testimonio contra la humanidad y dejó, sin embargo,

---

[62] **fugaz**—brief, fleeting.

[63] **pertenecerá**—will belong to.

un libro para niños. Platón dijo que los poetas son amanuenses de un dios, que los anima contra su voluntad, contra sus propósitos, como el **imán**[64] anima a una serie de anillos de **hierro**.[65]

Por eso repito que no debemos temer y que debemos pensar que nuestro patrimonio es el universo; ensayar todos los temas, y no podemos concretarnos a lo argentino para ser argentinos: porque o ser argentino es una fatalidad y en ese caso lo seremos de cualquier modo, o ser argentino es una mera afectación, una **máscara**.[66]

Creo que si nos abandonamos a ese sueño voluntario que se llama la creación artística, seremos argentinos y seremos, también, buenos o tolerables escritores.

---

[64] **imán**—magnet.

[65] **hierro**—iron.

[66] **máscara**—mask.

PREGUNTAS

1. ¿Qué diferencias ve Borges entre la poesía popular argentina y la poesía gauchesca? ¿Por qué, según Borges, ningún hispanohablante de otro origen distinto del argentino sería capaz de comprender la poesía gauchesca sin la ayuda de un glosario?

2. ¿Con qué ejemplos de la literatura universal refuerza Borges su postura de que una literatura no "debe definirse por los rasgos diferenciales del país que la produce"? Cita algunos otros ejemplos que usa Borges para reforzar esta idea.

3. ¿Qué contradicciones cita Borges para ejemplificar que los nacionalistas argentinos se contradicen a ellos mismos? ¿Cuál es su tono?

4. Borges concluye su ensayo diciendo que "nuestro patrimonio es el universo". ¿Compartes esa visión universalista del arte?

5. ¿Para qué sirven las muchas referencias bibliográficas, ejemplos, contradicciones, objeciones, confidencias, soluciones, citas literarias, etc., que usa Borges en este texto?

Borges y yo

Este pequeño ensayo explica uno de los asuntos más importantes para Borges: la pregunta de la identidad. Aquí, Borges explica la dualidad en que se ve a sí mismo.

Al otro, a Borges, es a quien le ocurren las cosas. Yo camino por Buenos Aires y me demoro, acaso ya mecánicamente, para mirar el arco de un **zaguán**[1] y la puerta cancel; de Borges tengo noticias por el correo y veo su nombre en una **terna**[2] de profesores o en un diccionario biográfico. Me gustan los relojes de arena, los mapas, la tipografía del siglo XVIII, las etimologías, el sabor del café y la prosa de Stevenson; el otro comparte esas preferencias, pero de un modo vanidoso que las convierte en atributos de un actor. Sería exagerado afirmar que nuestra relación es hostil; yo vivo, yo me dejo vivir, para que Borges pueda **tramar**[3] su literatura y esa literatura me justifica. Nada me cuesta

---

[1] **zaguán**—entrance.

[2] **terna**—group of three.

[3] **tramar**—to devise, plot, scheme.

confesar que ha logrado ciertas páginas válidas, pero esas páginas no me pueden salvar, quizá porque lo bueno ya no es de nadie, ni siquiera del otro, sino del lenguaje o la tradición. Por lo demás, yo estoy destinado a perderme, definitivamente, y sólo algún instante de mí podrá sobrevivir en el otro. Poco a poco voy cediéndole todo, aunque me consta su perversa costumbre de falsear y magnificar. Spinoza entendió que todas las cosas quieren perseverar en su ser; la piedra eternamente quiere ser piedra y el tigre un tigre. Yo he de quedar en Borges, no en mí (si es que alguien soy), pero me reconozco menos en sus libros que en muchos otros o que en el laborioso **rasgueo**[4] de una guitarra. Hace años yo traté de librarme de él y pasé de las mitologías del **arrabal**[5] a los juegos con el tiempo y con lo infinito, pero esos juegos son de Borges ahora y tendré que **idear**[6] otras cosas. Así mi vida es una **fuga**[7] y todo lo pierdo y todo es del olvido, o del otro.

No sé cuál de los dos escribe esta página.

---

[4] **rasgueo**—strumming.
[5] **arrabal**—suburb or slum.
[6] **idear**—devise, plan.
[7] **fuga**—escape.

PREGUNTAS

1. ¿Qué te sugiere el título de este breve ensayo?

2. ¿Qué dicotomía plantea Borges aquí?

3. ¿Cuál es la voz narradora que reflexiona? ¿Cuál es el tema de reflexión? Ilustra tu respuesta con ejemplos del texto.

4. ¿Cuál crees que es el tono de este pequeño texto? ¿Por qué?

5. ¿Cómo interpretas la última frase del ensayo?

Nota sobre Walt Whitman

En este ensayo Borges propone una lectura diferente de la obra de Walt Whitman. Plantea la existencia de dos Whitman: el escritor y el personaje poético. Esta distinción explica la universalidad de la creación literaria del poeta que, según Borges, radica en su capacidad para dialogar con su otro yo y con sus lectores. Este desdoblamiento de Whitman es, a su vez, esencial para comprender la teoría literaria borgiana que insiste en la necesidad de estudiar el texto como texto y no como expresiones del sentir del autor.

> **The whole of Whitman's work is deliberate.**
> **R. L. Stevenson,** *Familiar Studies of Men and Books* **(1882)**

El ejercicio de las letras puede promover la ambición de construir un libro absoluto, un libro de los libros que incluya a todos como un arquetipo platónico, un objeto cuya virtud no aminoren los años. Quienes alimentaron esa ambición eligieron elevados **asuntos:**[1] Apolonio de

---

[1] **asuntos**—subjects.

Rodas, la primera nave que atravesó los riesgos del mar; Lucano, la contienda de César y de Pompeyo, cuando las águilas guerrearon contra las águilas; Camoens, las armas lusitanas en el Oriente; Donne, el círculo de las transmigraciones de un alma, según el dogma pitagórico; Milton, la más antigua de las culpas y el Paraíso; Firdusí, los tronos de los sasánidas. Góngora, creo, fue el primero en juzgar que un libro importante puede prescindir de un tema importante; la vaga historia que refieren las *Soledades* es deliberadamente baladí, según lo señalaron y reprobaron Cascales y Gracián (*Cartas filológicas*, VIII; *El criticón*, II, 4). A Mallarmé no le bastaron temas triviales; los buscó negativos: la ausencia de una flor o de una mujer, la blancura de la hoja de papel antes del poema. Como Pater, sintió que todas las artes propenden a la música, el arte en que la forma es el fondo; su decorosa profesión de fe, *Tout aboutit à un livre*, parece **compendiar**[2] la sentencia homérica de que los dioses **tejen**[3] desdichas para que a las futuras generaciones no les falte algo que cantar (*Odisea*, VIII, *in fine*). Yeats, hacia el año mil novecientos, buscó lo absoluto en el manejo de símbolos que despertaran la memoria genérica, o gran Memoria, que late bajo las mentes individuales; cabría comparar esos símbolos con los ulteriores arquetipos de Jung. Barbusse, en *L'Enfer*, libro olvidado con injusticia, evitó (trató de evitar) las limitaciones del tiempo mediante el relato poético de los actos fundamentales del hombre; Joyce, en *Finnegans Wake*, mediante la simultánea presentación de rasgos de épocas distintas. El deliberado manejo de anacronismos, para forjar una apariencia de eternidad, también ha sido practicado por Pound y por T. S. Eliot.

He recordado algunos procedimientos; ninguno más curioso que el ejercido, en 1855, por Whitman. Antes de considerarlo, quiero transcribir unas opiniones

---

[2] **compendiar**—to abridge, to compound.
[3] **tejen**—weave.

que más o menos prefiguran lo que diré. La primera es la del poeta inglés Lascelles Abercrombie: "Whitman —leemos— extrajo de su noble experiencia esa figura vívida y personal que es una de las pocas cosas grandes de la literatura moderna: la figura de él mismo." La segunda es de Sir Edmund Gosse: "No hay un Walt Whitman verdadero... Whitman es la literatura en estado de protoplasma: un organismo intelectual tan sencillo que se limita a reflejar a cuantos se aproximan a él." La tercera es mía:* "Casi todo lo escrito sobre Whitman está falseado por dos interminables errores. Uno es la sumaria identificación de Whitman, hombre de letras, con Whitman, héroe semidivino de *Leaves of Grass* como don Quijote lo es del *Quijote*; otro, la insensata adopción del estilo y vocabulario de sus poemas, vale decir, del mismo sorprendente fenómeno que se quiere explicar."

Imaginemos que una biografía de Ulises (basada en testimonios de Agamenón, de Laertes, de Polifemo, de Calipso, de Penélope, de Telémaco, del porquero, de Escila y Caribdis) indicara que éste nunca salió de Ítaca. La decepción que nos causaría ese libro, felizmente hipotético, es la que causan todas las biografías de Whitman. Pasar del orbe paradisíaco de sus versos a la insípida crónica de sus días es una transición melancólica. Paradójicamente, esa melancolía inevitable se agrava cuando el biógrafo quiere disimular que hay dos Whitman: el "amistoso y elocuente salvaje" de *Leaves of Grass* y el pobre literato que lo inventó.* Éste jamás estuvo en California o en Platte Canyon; aquél improvisa un apóstrofe en el segundo de esos lugares ("Spirit that Formed this Scene") y ha sido minero en el otro ("Starting from Paumanok", 1). Éste, en 1859, estaba

---

* "El otro Whitman", en *Discusión* (1932).

* Reconocen muy bien esa diferencia Henry Seidel Canby (*Walt Whitman*, 1943) y Mark Van Doren en la antología de la Viking Press (1945). Nadie más, que yo sepa.

en Nueva York; aquél, el 2 de diciembre de ese año, asistió en Virginia a la ejecución del viejo abolicionista John Brown ("Year of Meteors"). Éste nació en Long Island; aquél también ("Starting from Paumanok"), pero asimismo en uno de los estados del Sur ("Longings for Home"). Éste fue **casto**,[4] reservado y más bien taciturno; aquél efusivo y orgiástico. Multiplicar esas discordias es fácil; más importante es comprender que el mero vagabundo feliz que proponen los versos de *Leaves of Grass* hubiera sido incapaz de escribirlos.

Byron y Baudelaire dramatizaron, en ilustres volúmenes, sus desdichas; Whitman, su felicidad. (Treinta años después, en Sils-Maria, Nietzsche descubriría a Zarathustra; ese pedagogo es feliz, o, en todo caso, recomienda la felicidad, pero tiene el defecto de no existir.) Otros héroes románticos —Vathek es el primero de la serie, Edmond Teste no es el último— **prolijamente**[5] acentúan sus diferencias; Whitman, con impetuosa humildad, quiere parecerse a todos los hombres. *Leaves of Grass* advierte, "es el canto de un gran individuo colectivo, popular, varón o mujer" (*Complete Writings*, V, 192). O, inmortalmente ("Song of Myself", 17):

> Éstos son en verdad los pensamientos de todos los
>   hombres en todos los lugares y épocas; no son
>   originales míos.
> Si son menos tuyos que míos, son nada o casi nada.
> Si no son el enigma y la solución del enigma,
>   son nada.
> Si no están cerca y lejos, son nada.
>
> Éste es el pasto que crece donde hay tierra y
>   hay agua.
> Éste es el aire común que baña el planeta.

---

[4] **casto**—chaste, morally pure.
[5] **prolijamente**—fastidiously, tediously, with great attention to detail.

El panteísmo, ha divulgado un tipo de frases en las que se declara que Dios es diversas cosas contradictorias o (mejor aún) misceláneas. Su prototipo es éste: "El rito soy, la **ofrenda**[6] soy, la libación de **manteca**[7] soy, el fuego soy" (*Bhagavad-Gita*, IX, 16). Anterior, pero ambiguo, es el fragmento 67 de Heráclito: "Dios es día y noche, invierno y verano, guerra y paz, **hartura**[8] y hambre." Plotino describe a sus alumnos un cielo inconcebible, en el que "todo está en todas partes, cualquier cosa es todas las cosas, el sol es todas las estrellas, y cada estrella es todas las estrellas y el sol" (*Enneadas*, V, 8, 4). Attar, persa del siglo XII, canta la dura **peregrinación**[9] de los pájaros en busca de su rey, el Simurg; muchos perecen en los mares, pero los sobrevivientes descubren que ellos son el Simurg y que el Simurg es cada uno de ellos y todos. Las posibilidades retóricas de esa extensión del principio de identidad parecen infinitas. Emerson, lector de los hindúes y de Attar, deja el poema "Brahma"; de los dieciséis versos que lo componen, quizá el más memorable es éste: *"When me they fly, I am the wings"* ("Si huyen de mí yo soy las alas"). Análogo, pero de voz más elemental, es "Ich bin der Eine und bin Beide" de Stefan George (*Der Stern des Bundes*). Walt Whitman renovó ese procedimiento. No lo ejerció, como otros, para definir la divinidad o para jugar con las "simpatías y diferencia" de las palabras; quiso identificarse, en una suerte de ternura feroz, con todos los hombres. Dijo ("Crossing Brooklyn Ferry", 7):

> He sido terco, vanidoso, ávido, superficial, astuto, cobarde, maligno;
> el lobo, la serpiente y el cerdo no faltaban en mí. . .

---

[6] **ofrenda**—offering.

[7] **manteca**—grease, lard.

[8] **hartura**—satiety (of hunger).

[9] **peregrinación**—pilgrimage.

También ("Song of Myself", 33):

Yo soy el hombre. Yo sufrí. Ahí estaba.
El desdén y la tranquilidad de los mártires;
la madre, sentenciada por bruja, quemada ante los
　　　hijos, con leña seca;
el esclavo acosado que vacila, se apoya contra el
　　　cerco, jadeante, cubierto de sudor;
las puntadas que le atraviesan las piernas y el
　　　pescuezo, las crueles municiones y balas;
todo eso lo siento, lo soy.

Todo eso lo sintió y lo fue Whitman, pero fundamentalmente fue —no en la mera historia, en el mito— lo que denotan estos dos versos ("Song of Myself", 24):

Walt Whitman, un cosmos, hijo de Manhattan,
　　　turbulento, carnal, sensual, comiendo,
　　　bebiendo, engendrando.

También fue el que sería en el porvenir, en nuestra **venidera**[10] nostalgia, creada por estas profecías que la anunciaron ("Full of Life Now"):

Lleno de vida, hoy, compacto, visible,
yo, de cuarenta años de edad el año ochenta de tres
　　　de los Estados,
a ti, dentro de un siglo o de muchos siglos,
a ti, que no has nacido, te busco.
Estás leyéndome. Ahora el invisible soy yo,
ahora eres tú, compacto, visible, el que intuye los
　　　versos y el que me busca,
pensando lo feliz que serías si yo pudiera ser
　　　tu compañero.
Sé feliz como si yo estuviera contigo. (No tengas
　　　demasiada seguridad de que no estoy contigo.)

---

[10] **venidera**—future, coming.

O ("Songs of Parting", 4, 5):

¡Camarada! Éste no es un libro;
el que me toca, toca a un hombre.
(¿Es de noche? ¿Estamos solos aquí?…).
Te quiero, me **despojo**[11] de esta envoltura.
Soy como algo incorpóreo, triunfante, muerto.*

Walt Whitman, hombre, fue director del *Brooklyn Eagle,* y leyó sus ideas fundamentales en las páginas de Emerson, de Hegel y de Volney; Walt Whitman, personaje poético, las **edujo**[12] del contacto de América, ilustrado por experiencias imaginarias en las alcobas de New Orleans y en los campos de batalla de Georgia. Ese procedimiento, bien visto, no importa falsedad. Un hecho falso puede ser esencialmente cierto. Es fama que Enrique I de Inglaterra no volvió a sonreír después de la muerte de su hijo; el hecho, quizá falso, puede ser verdadero como símbolo del abatimiento del rey. Se dijo, en 1914, que los alemanes habían torturado y mutilado a unos **rehenes**[13] belgas; la especie, a no dudarlo, era falsa, pero compendiaba útilmente los infinitos y confusos horrores de la invasión. Aún más perdonable es el caso de quienes atribuyen una doctrina a experiencias vitales y no a tal biblioteca o a tal **epítome**.[14] Nietzsche, en 1874, se burló de la tesis pitagórica de que la historia se repite cíclicamente (*Vom Nutzen und Nachtheil der Historie,* 2); en 1881, en un **sendero**[15] de los

---

* Es intrincado el mecanismo de estos apóstrofes. Nos emociona que al poeta le emocionara prever nuestra emoción. Cf. Estas líneas, de Flecker, dirigidas al poeta que lo leerá, después de mil años:
> O friend unseen, unborn, unknown,
> Student of our sweet English tongue
> Read out my words at night, alone:
> I was a poet, I was young.

[11] **despojo**—strip.

[12] **edujo**—deduced.

[13] **rehenes**—hostages.

[14] **epítome**—epitome; an example of a class or type.

[15] **sendero**—path.

bosques de Silvaplana, concibió de pronto esa tesis (*Ecce homo*, 9). Lo tosco, lo bajamente policial, es hablar de **plagio**;[16] Nietzsche, interrogado, replicaría que lo importante es la transformación que una idea puede obrar en nosotros, no el mero hecho de razonarla.* Una cosa es la abstracta proposición de la unidad divina; otra, la **ráfaga**[17] que arrancó del desierto a unos pastores árabes y los impulsó a una batalla que no ha cesado y cuyos límites fueron la Aquitania y el Ganges. Whitman se propuso exhibir un demócrata ideal, no formular una teoría.

Desde que Horacio, con imagen platónica o pitagórica, predijo su celeste metamorfosis, es clásico en las letras el tema de la inmortalidad del poeta. Quienes lo frecuentaron, lo hicieron en función de la vanagloria ("Not marble, not the gilded monuments"), cuando no del **soborno**[18] y de la venganza; Whitman deriva de su manejo una relación personal con cada futuro lector. Se confunde con él y dialoga con el otro, con Whitman ("Salut au Monde!", 3):

¿Qué oyes, Walt Whitman?

Así se desdobló en el Whitman eterno, en ese amigo que es un viejo poeta americano de mil ochocientos y tantos y también su leyenda y también cada uno de nosotros y también la felicidad. Vasta y casi inhumana fue la tarea, pero no fue menor la victoria.

---

* Tanto difieren la razón y la convicción que las más graves objeciones a cualquier doctrina filosófica suelen preexistir en la obra que la proclama. Platón, en el Parménides, anticipa el argumento del tercer hombre que le opondrá Aristóteles, Berkeley (Dialogues, 3), las refutaciones de Hume.

[16] **plagio**—plagiarism.

[17] **ráfaga**—gust.

[18] **soborno**—bribery.

PREGUNTAS

1. Borges encuentra que mucho de lo escrito sobre Whitman está falseado por dos errores. Explica en qué consisten dichos errores.

2. Describe cómo son los dos Whitman, el literato y el personaje poético, según aparecen retratados en el ensayo.

3. En un momento dado Borges alude al panteísmo. ¿Qué relación tiene esta doctrina con la obra de Whitman? Ilustra tu respuesta con citas del texto.

4. Borges elogia los logros literarios del poeta. Comenta algunos de ellos y expresa tu opinión sobre su poesía.

solutions

Tlön, Uqbar, Orbis Tertius

En este cuento de ciencia ficción, presentado como ensayo, Borges desarrolla la idea de una sociedad utópica que sólo tiene presencia ideal, no material. Su redacción coincide con la época del comunismo en Europa y Rusia, y con la visión de una sociedad totalitaria (sobre la cual George Orwell y Aldous Huxley escribirán obras importantes) que amenazan con propagarse en el mundo occidental.

I

Debo a la conjunción de un espejo y de una enciclopedia el descubrimiento de Uqbar. El espejo inquietaba el fondo de un corredor en una quinta de la calle Gaona, en Ramos Mejía; la enciclopedia **falazmente**[1] se llama *The Anglo-American Cyclopaedia* (Nueva York, 1917) y es una reimpresión literal, pero también **morosa**,[2] de la *Encyclopaedia Britannica* de 1902.

---

[1] **falazmente**—deceptively, falsely.

[2] **morosa**—slow, tardy.

El hecho se produjo hará unos cinco años. Bioy Casares[3] había cenado conmigo esa noche y nos demoró una vasta polémica sobre la ejecución de una novela en primera persona, cuyo narrador omitiera o desfigurara los hechos e incurriera en diversas contradicciones, que permitieran a unos pocos lectores —a muy pocos lectores— la adivinación de una realidad atroz o banal. Desde el fondo remoto del corredor, el espejo nos **acechaba**.[4] Descubrimos (en la alta noche ese descubrimiento es inevitable) que los espejos tienen algo monstruoso. Entonces Bioy Casares recordó que uno de los heresiarcas[5] de Uqbar había declarado que los espejos y la **cópula**[6] son abominables, porque multiplican el número de los hombres. Le pregunté el origen de esa memorable sentencia y me contestó que *The Anglo-American Cyclopaedia* la registraba, en su artículo sobre Uqbar. La quinta (que habíamos alquilado **amueblada**[7]) poseía un ejemplar de esa obra. En las últimas páginas del volumen XLVI dimos con un artículo sobre Upsala; en las primeras del XLVII, con uno sobre *Ural-Altaic Languages,* pero ni una palabra sobre Uqbar. Bioy, un poco **azorado,**[8] interrogó los tomos del índice. Agotó en vano todas las lecciones imaginables: Ukbar, Ucbar, Ooqbar, Oukbahr... Antes de irse, me dijo que era una región del Irak o del Asia Menor. Confieso que asentí con alguna incomodidad. Conjeturé que ese país indocumentado y ese heresiarca anónimo eran una ficción improvisada por la modestia de Bioy para justificar una frase. El examen estéril de uno de los atlas de Justus Perthes fortaleció mi duda. Al día

---

[3] **Bioy Casares**—Adolfo Bioy Casares, Argentine writer and editor who collaborated with Borges on various projects.

[4] **acechaba**—watched or lied in wait for.

[5] **heresiarcas**—heresiarchs; chief proponents of opinions that deviate from established religious beliefs.

[6] **cópula**—copulation; act of producing offspring.

[7] **amueblada**—furnished.

[8] **azorado**—confounded, abashed, confused.

siguiente, Bioy me llamó desde Buenos Aires. Me dijo que tenía a la vista el artículo sobre Uqbar, en el volumen XXVI de la Enciclopedia. No constaba el nombre del heresiarca, pero sí la noticia de su doctrina, formulada en palabras casi idénticas a las repetidas por él, aunque —tal vez— literariamente inferiores. Él había recordado: *Copulation and mirrors are abominable.* El texto de la Enciclopedia decía: *Para uno de esos gnósticos,*[9] *el visible universo era una ilusión o (más precisamente) un sofisma.*[10] *Los espejos y la paternidad son abominables* (mirrors and fatherhood are hateful) *porque lo multiplican y lo divulgan.* Le dije, sin faltar a la verdad, que me gustaría ver ese artículo. A los pocos días lo trajo. Lo cual me sorprendió, porque los escrupulosos índices cartográficos de la *Erdkunde* de Ritter ignoraban con plenitud el nombre de Uqbar.

El volumen que trajo Bioy era efectivamente el XXVI de la *Anglo-American Cyclopaedia.* En la falsa **carátula**[11] y en el **lomo,**[12] la indicación alfabética (Tor–Ups) era la de nuestro ejemplar, pero en vez de 917 páginas constaba de 921. Esas cuatro páginas adicionales comprendían el artículo sobre Uqbar; no previsto (como habrá advertido el lector) por la indicación alfabética. Comprobamos después que no hay otra diferencia entre los volúmenes. Los dos (según creo haber indicado) son reimpresiones de la décima *Encyclopaedia Britannica.* Bioy había adquirido su ejemplar en uno de tantos remates. Leímos con algún cuidado el artículo. El pasaje recordado por Bioy era tal vez el único sorprendente. El resto parecía muy verosímil, muy ajustado al tono general de la obra y (como es

---

[9] *gnósticos*—followers of Gnosticism, a philosophical and religious movement, derived from pagan, early Christian, and Jewish sects, that emphasizes the power of knowledge attained by divine revelation.

[10] *sofisma*—sophism; a plausible but fallacious argument.

[11] **carátula**—jacket, sleeve.

[12] **lomo**—back, spine.

natural) un poco aburrido. Releyéndolo, descubrimos bajo su rigurosa escritura una fundamental vaguedad. De los catorce nombres que figuraban en la parte geográfica, sólo reconocimos tres —Jorasán, Armenia, Erzerum—, interpolados en el texto de un modo ambiguo. De los nombres históricos, uno solo: el impostor Esmerdis el mago, invocado más bien como una metáfora. La nota parecía precisar las fronteras de Uqbar, pero sus nebulosos puntos de referencias eran ríos y cráteres y cadenas de esa misma región. Leímos, **verbigracia**,[13] que las tierras bajas de Tsai Jaldún y el delta del Axa definen la frontera del sur y que en las islas de ese delta procrean los caballos **salvajes**.[14] Eso, al principio de la página 918. En la sección histórica (página 920) supimos que a raíz de las persecuciones religiosas del siglo XIII, los ortodoxos buscaron amparo en las islas, donde perduran todavía sus obeliscos y donde no es raro exhumar sus espejos de piedra. La sección *idioma y literatura* era breve. Un solo rasgo memorable: anotaba que la literatura de Uqbar era de carácter fantástico y que sus epopeyas y sus leyendas no se referían jamás a la realidad, sino a las dos regiones imaginarias de Mlejnas y de Tlön. . . La bibliografía enumeraba cuatro volúmenes que no hemos encontrado hasta ahora, aunque el tercero —Silas Haslam: *History of the Land Called Uqbar,* 1874— figura en los catálogos de librería de Bernard Quaritch.[*] El primero, *Lesbare und lesenswerthe Bemerkungen über das Land Ukkbar in Klein-Asien,* data de 1641 y es obra de Johannes Valentinus Andreä. El hecho es significativo; un par de años después, di con ese nombre en las inesperadas páginas de De Quincey (*Writings,* decimotercer volumen) y supe que era el de un teólogo alemán que a principios del siglo XVII describió la

---

[*] Haslam ha publicado también *A General History of Labyrinths.*

[13] **verbigracia**—for example.

[14] **salvajes**—wild, untamed.

imaginaria comunidad de la Rosa-Cruz —que otros luego fundaron, a imitación de lo prefigurado por él.

Esta noche visitamos la Biblioteca Nacional. En vano fatigamos atlas, catálogos, anuarios de sociedades geográficas, memorias de viajeros e historiadores: nadie había estado nunca en Uqbar. El índice general de la enciclopedia de Bioy tampoco registraba ese nombre. Al día siguiente, Carlos Mastronardi (a quien yo había referido el asunto) advirtió en una librería de Corrientes y Talcahuano los negros y dorados lomos de la *Anglo-American Cyclopaedia*. . . Entró e interrogó el volumen XXVI. Naturalmente, no dio con el menor indicio de Uqbar.

II

Algún recuerdo limitado y **menguante**[15] de Herbert Ashe, **ingeniero**[16] de los ferrocarriles del Sur, persiste en el hotel de Adrogué, entre las efusivas **madreselvas**[17] y en el fondo ilusorio de los espejos. En vida **padeció**[18] de irrealidad, como tantos ingleses; muerto, no es siquiera el fantasma que ya era entonces. Era alto y **desganado**[19] y su cansada barba rectangular había sido roja. Entiendo que era **viudo**,[20] sin hijos. Cada tantos años iba a Inglaterra: a visitar (juzgo por unas fotografías que nos mostró) un reloj de sol y unos **robles**.[21] Mi padre había estrechado con él (el verbo es excesivo) una de esas amistades inglesas que empiezan por excluir la confidencia y que muy pronto omiten el diálogo. Solían ejercer un intercambio de libros y de periódicos; solían **batirse**[22] al ajedrez, taciturnamente. . . Lo recuerdo en el

---

[15] **menguante**—diminishing.

[16] **ingeniero**—engineer.

[17] **madreselvas**—honeysuckles.

[18] **padeció**—suffered.

[19] **desganado**—lethargic, lazy.

[20] **viudo**—widower.

[21] **robles**—oak trees.

[22] **batirse**—play each other (in a game).

corredor del hotel, con un libro de matemáticas en la mano, mirando a veces los colores irrecuperables del cielo. Una tarde, hablamos del sistema duodecimal de numeración (en el que doce se escribe 10). Ashe dijo que precisamente estaba trasladando no sé qué tablas duodecimales a sexagesimales (en las que sesenta se escribe 10). Agregó que ese trabajo le había sido encargado por un noruego: en Rio Grande do Sul. Ocho años que lo conocíamos y no había mencionado nunca su estadía en esa región. . . Hablamos de vida pastoril, de *capangas,* de la etimología brasileña de la palabra *gaucho* (que algunos viejos orientales todavía pronuncian *gaúcho*) y nada más se dijo —Dios me perdone— de funciones duodecimales. En septiembre de 1937 (no estábamos nosotros en el hotel) Herbert Ashe murió de la rotura de un aneurisma. Días antes, había recibido del Brasil un paquete sellado y certificado. Era un libro en octavo mayor. Ashe lo dejó en el bar, donde —meses después— lo encontré. Me puse a hojearlo y sentí un vértigo asombrado y ligero que no describiré, porque ésta no es la historia de mis emociones sino de Uqbar y Tlön y Orbis Tertius.

En una noche del Islam que se llama la Noche de las Noches se abren de par en par las secretas puertas del cielo y es más dulce el agua en los cántaros; si esas puertas se abrieran, no sentiría lo que en esa tarde sentí. El libro estaba redactado en inglés y lo integraban 1001 páginas. En el amarillo lomo de **cuero**[23] leí estas curiosas palabras que la falsa carátula repetía: *A First Encyclopaedia of Tlön. Vol. XI. Hlaer to Jangr.* No había indicación de fecha ni de lugar. En la primera página y en una hoja de papel de seda que cubría una de las láminas en colores había estampado un óvalo azul con esta inscripción: *Orbis Tertius.* Hacía dos años que yo había

---

[23] **cuero**—leather.

descubierto en un tomo de cierta enciclopedia pirática una somera descripción de un falso país; ahora me **deparaba**[24] el **azar**[25] algo más precioso y más arduo. Ahora tenía en las manos un vasto fragmento metódico de la historia total de un planeta desconocido, con sus arquitecturas y sus barajas, con el pavor de sus mitologías y el rumor de sus lenguas, con sus emperadores y sus mares, con sus minerales y sus pájaros y sus peces, con su álgebra y su fuego, con su controversia teológica y metafísica. Todo ello articulado, coherente, sin visible propósito doctrinal o tono paródico.

En el «onceno tomo» de que hablo hay alusiones a tomos ulteriores y precedentes. Néstor Ibarra, en un artículo ya clásico de la *N. R. F.*, ha negado que existen esos aláteres; Ezequiel Martínez Estrada y Drieu La Rochelle han refutado, quizá victoriosamente, esa duda. El hecho es que hasta ahora las **pesquisas**[26] más diligentes han sido estériles. En vano hemos desordenado las bibliotecas de las dos Américas y de Europa. Alfonso Reyes, harto de esas fatigas subalternas de índole policial, propone que entre todos acometamos la obra de reconstruir los muchos y macizos tomos que faltan: *ex ungue leonem*. Calcula, entre veras y burlas, que una generación de *tlönistas* puede bastar. Ese **arriesgado**[27] cómputo nos retrae al problema fundamental: ¿Quiénes inventaron a Tlön? El plural es inevitable, porque la hipótesis de un solo inventor —de un infinito Leibniz obrando en la **tiniebla**[28] y en la modestia— ha sido descartada unánimemente. Se conjetura que este *brave new world* es obra de una sociedad secreta de astrónomos, de biólogos, de ingenieros, de metafísicos, de poetas, de químicos, de algebristas, de moralistas, de

---

[24] **deparaba**—offered.

[25] **azar**—chance.

[26] **pesquisas**—investigations, inquiries.

[27] **arriesgado**—risky.

[28] **tiniebla**—darkness.

pintores, de geómetras. . . dirigidos por un oscuro hombre de genio. Abundan individuos que dominan esas disciplinas diversas, pero no los capaces de invención y menos los capaces de subordinar la invención a un riguroso plan sistemático. Ese plan es tan vasto que la contribución de cada escritor es infinitesimal. Al principio se creyó que Tlön era un mero caos, una irresponsable licencia de la imaginación; ahora se sabe que es un cosmos y las íntimas leyes que lo **rigen**[29] han sido formuladas, siquiera en modo provisional. Básteme recordar que las contradicciones aparentes del Onceno Tomo son la piedra fundamental de la prueba de que existen los otros: tan lúcido y tan justo es el orden que se ha observado en él. Las revistas populares han divulgado, con perdonable exceso, la zoología y la topografía de Tlön; yo pienso que sus tigres transparentes y sus torres de sangre no merecen, tal vez, la continua atención de *todos* los hombres. Yo me atrevo a pedir unos minutos para su concepto del universo.

Hume notó para siempre que los argumentos de Berkeley no admiten la menor réplica y no causan la menor convicción. Ese dictamen es del todo verídico en su aplicación a la tierra; del todo falso en Tlön. Las naciones de ese planeta son —congénitamente— idealistas. Su lenguaje y las derivaciones de su lenguaje —la religión, las letras, la metafísica— presuponen el idealismo. El mundo para ellos no es un concurso de objetos en el espacio; es una serie heterogénea de actos independientes. Es sucesivo, temporal, no espacial. No hay sustantivos en la conjetural *Ursprache* de Tlön, de la que proceden los idiomas «actuales» y los dialectos: hay verbos impersonales, calificados por sufijos (o prefijos) monosilábicos de valor adverbial. Por ejemplo: no hay palabra que corresponda a la palabra *luna*, pero hay un verbo que sería en español *lunecer* o *lunar*. *Surgió la luna*

---

[29] **rigen**—govern.

sobre el río se dice *hlör u fang axaxaxas mlö* o sea en su orden: hacia arriba (*upward*) detrás duradero-fluir luneció. (Xul Solar traduce con brevedad: upa tras perfluyue lunó. *Upward, behind the onstreaming, it mooned.*)

Lo anterior se refiere a los idiomas del hemisferio austral. En los del hemisferio boreal[30] (de cuya *Ursprache* hay muy pocos datos en el Onceno Tomo) la célula primordial no es el verbo, sino el adjetivo monosilábico. El sustantivo se forma por acumulación de adjetivos. No se dice *luna*: se dice *aéreo-claro sobre oscuro-redondo* o *anaranjado-tenue-del cielo* o cualquier otra agregación. En el caso elegido la masa de adjetivos corresponde a un objeto real; el hecho es puramente fortuito. En la literatura de este hemisferio (como en el mundo subsistente de Meinong) abundan los objetos ideales, convocados y disueltos en un momento, según las necesidades poéticas. Los determina, a veces, la mera simultaneidad. Hay objetos compuestos de dos términos, uno de carácter visual y otro auditivo: el color del naciente y el remoto grito de un pájaro. Los hay de muchos: el sol y el agua contra el pecho del nadador, el vago rosa trémulo que se ve con los ojos cerrados, la sensación de quien se deja llevar por un río y también por el sueño. Esos objetos de segundo grado pueden combinarse con otros; el proceso, mediante ciertas abreviaturas, es prácticamente infinito. Hay poemas famosos compuestos de una sola enorme palabra. Esta palabra integra un *objeto poético* creado por el autor. El hecho de que nadie crea en la realidad de los sustantivos hace, paradójicamente, que sea interminable su número. Los idiomas del hemisferio boreal de Tlön poseen todos los nombres de las lenguas indoeuropeas —y otros muchos más.

No es exagerado afirmar que la cultura clásica de Tlön comprende una sola disciplina: la psicología. Las

---

[30] boreal—northern, boreal.

otras están subordinadas a ella. He dicho que los hombres de ese planeta conciben el universo como una serie de procesos mentales, que no se desenvuelven en el espacio sino de modo sucesivo en el tiempo. Spinoza atribuye a su inagotable divinidad los atributos de la extensión y del pensamiento; nadie comprendería en Tlön la yuxtaposición del primero (que sólo es típico de ciertos estados) y del segundo —que es un sinónimo perfecto del cosmos—. Dicho sea con otras palabras: no conciben que lo espacial perdure en el tiempo. La percepción de una humareda en el horizonte y después del campo incendiado y después del cigarro a medio apagar que produjo la quemazón es considerada un ejemplo de asociación de ideas.

Este monismo o idealismo total invalida la ciencia. Explicar (o juzgar) un hecho es unirlo a otro; esa vinculación, en Tlön, es un estado posterior del sujeto, que no puede afectar o iluminar el estado anterior. Todo estado mental es irreductible: el mero hecho de nombrarlo —*id est*, de clasificarlo— importa un falseo. De ello cabría deducir que no hay ciencias en Tlön ni siquiera razonamientos. La paradójica verdad es que existen, en casi innumerable número. Con las filosofías acontece lo que acontece con los sustantivos en el hemisferio boreal. El hecho de que toda filosofía sea **de antemano**[31] un juego dialéctico, una *Philosophie des Als Ob*, ha contribuido a multiplicarlas. Abundan los sistemas increíbles, pero de arquitectura agradable o de tipo sensacional. Los metafísicos de Tlön no buscan la verdad ni siquiera la verosimilitud: buscan el asombro. Juzgan que la metafísica es una **rama**[32] de la literatura fantástica. Saben que un sistema no es otra cosa que la subordinación de todos los aspectos del universo a uno cualquiera de ellos. Hasta la frase «todos los aspectos»

---

[31] **de antemano**—in advance, beforehand.
[32] **rama**—branch.

es rechazable, porque supone la imposible adición del instante presente y de los pretéritos. Tampoco es lícito el plural «los pretéritos», porque supone otra operación imposible. . . Una de las escuelas de Tlön llega a negar el tiempo: razona que el presente es indefinido, que el futuro no tiene realidad sino como esperanza presente, que el pasado no tiene realidad sino como recuerdo presente.* Otra escuela declara que ha trascurrido ya *todo el tiempo* y que nuestra vida es apenas el recuerdo o reflejo crepuscular, y sin duda falseado y mutilado, de un proceso irrecuperable. Otra, que la historia del universo —y en ellas nuestras vidas y el más tenue detalle de nuestras vidas— es la escritura que produce un dios subalterno para entenderse con un demonio. Otra, que el universo es comparable a esas criptografías en las que no valen todos los símbolos y que sólo es verdad lo que sucede cada trescientas noches. Otra, que mientras dormimos aquí, estamos despiertos en otro lado y que así cada hombre es dos hombres.

Entre las doctrinas de Tlön, ninguna ha merecido tanto escándalo como el materialismo. Algunos pensadores lo han formulado, con menos claridad que fervor, como quien adelanta una paradoja. Para facilitar el entendimiento de esa tesis inconcebible, un heresiarca del undécimo siglo* ideó el sofisma de las nueve monedas de **cobre**,[33] cuyo renombre escandaloso equivale en Tlön al de las aporías eleáticas.[34] De ese «razonamiento especioso» hay muchas versiones, que varían el número de monedas y el número de hallazgos; he aquí la más común:

---

*
  Russell (*The Analysis of Mind*, 1921, página 159) supone que el planeta ha sido creado hace pocos minutos, provisto de una humanidad que «recuerda» un pasado ilusorio.
*
  Siglo, de acuerdo con el sistema duodecimal, significa un período de ciento cuarenta y cuatro años.

[33] **cobre**—copper.

[34] aporías eleáticas—paradoxes of Zeno; self-contradictory statements made by the Greek philosopher Zeno of Elea, known for his challenge to the idea of the existence of motion and change.

El martes, X atraviesa un camino desierto y pierde nueve monedas de cobre. El jueves, Y encuentra en el camino cuatro monedas, algo **herrumbradas**[35] *por la lluvia del miércoles. El viernes, Z descubre tres monedas en el camino. El viernes de mañana, X encuentra dos monedas en el corredor de su casa.* El heresiarca quería deducir de esa historia la realidad —*id est* la continuidad— de las nueve monedas recuperadas. *Es absurdo* (afirmaba) *imaginar que cuatro de las monedas no han existido entre el martes y el jueves, tres entre el martes y la tarde del viernes, dos entre el martes y la madrugada del viernes. Es lógico pensar que han existido —siquiera de algún modo secreto, de comprensión vedada a los hombres— en todos los momentos de esos tres plazos.*

El lenguaje de Tlön se resistía a formular esa paradoja; los más no la entendieron. Los defensores del sentido común se limitaron, al principio, a negar la veracidad de la anécdota. Repitieron que era una falacia verbal, basada en el empleo temerario de dos voces neológicas, no autorizadas por el uso y ajenas a todo pensamiento severo: los verbos *encontrar* y *perder,* que comportan una petición de principio, porque presuponen la identidad de las nueve primeras monedas y de las últimas. Recordaron que todo sustantivo (hombre, moneda, jueves, miércoles, lluvia) sólo tiene un valor metafórico. Denunciaron la pérfida circunstancia *algo herrumbradas por la lluvia del miércoles,* que presupone lo que se trata de demostrar: la persistencia de las cuatro monedas, entre el jueves y el martes. Explicaron que una cosa es *igualdad* y otra *identidad* y formularon una especie de *reductio ad absurdum,* o sea el caso hipotético de nueve hombres que en nueve sucesivas noches padecen un vivo dolor. ¿No sería ridículo —interrogaron— pretender que ese dolor es el mismo?[*] Dijeron que al

---

[*] En el día de hoy, una de las iglesias de Tlön sostiene platónicamente que tal dolor, que tal matiz verdoso del amarillo, que tal temperatura, que tal sonido, son la única realidad. Todos los hombres, en el vertiginoso instante del coito, son el mismo hombre. Todos los hombres que repiten una línea de Shakespeare, *son* William Shakespeare.

[35] **herrumbradas**—rusty.

heresiarca no lo movía sino el blasfematorio propósito de atribuir la divina categoría de *ser* a unas simples monedas y que a veces negaba la pluralidad y otras no. Argumentaron: si la igualdad comporta la identidad, habría que admitir asimismo que las nueve monedas son una sola.

Increíblemente, esas refutaciones no resultaron definitivas. A los cien años de enunciado el problema, un pensador no menos brillante que el heresiarca pero de tradición ortodoxa, formuló una hipótesis muy audaz. Esa conjetura feliz afirma que hay un solo sujeto, que ese sujeto indivisible es cada uno de los seres del universo y que éstos son los órganos y máscaras de la divinidad. X es Y y es Z. Z descubre tres monedas porque recuerda que se le perdieron a X; X encuentra dos en el corredor porque recuerda que han sido recuperadas las otras... El onceno tomo deja entender que tres razones capitales determinaron la victoria total de ese panteísmo idealista. La primera, el repudio del solipsismo;[36] la segunda, la posibilidad de conservar la base psicológica de las ciencias; la tercera, la posibilidad de conservar el culto de los dioses. Schopenhauer (el apasionado y lúcido Schopenhauer) formula una doctrina muy parecida en el primer volumen de *Parerga und Paralipomena*.

La geometría de Tlön comprende dos disciplinas algo distintas: la visual y la táctil. La última corresponde a la nuestra y la subordinan a la primera. La base de la geometría visual es la superficie, no el punto. Esta geometría desconoce las paralelas y declara que el hombre que se desplaza modifica las formas que lo circundan. La base de su aritmética es la noción de números indefinidos. Acentúan la importancia de los conceptos de mayor y menor, que nuestros matemáticos simbolizan por > y por <. Afirman que la operación de

---

[36] solipsismo—solipsism; theory that the self is the only thing that has reality or can be known and verified.

contar modifica las cantidades y las convierte de indefinidas en definidas. El hecho de que varios individuos que cuentan una misma cantidad logran un resultado igual, es para los psicólogos un ejemplo de asociación de ideas o de buen ejercicio de la memoria. Ya sabemos que en Tlön el sujeto del conocimiento es uno y eterno.

En los hábitos literarios también es todopoderosa la idea de un sujeto único. Es raro que los libros estén firmados. No existe el concepto del plagio: se ha establecido que todas las obras son obra de un solo autor, que es intemporal y es anónimo. La crítica suele inventar autores: elige dos obras disímiles —el Tao Te King y las 1001 Noches, digamos—, las atribuye a un mismo escritor y luego determina con probidad la psicología de ese interesante *homme de lettres.* . .

También son distintos los libros. Los de ficción abarcan un solo argumento, con todas las permutaciones imaginables. Los de naturaleza filosófica invariablemente contienen la tesis y la antítesis, el riguroso pro y el contra de una doctrina. Un libro que no encierra su contralibro es considerado incompleto.

Siglos y siglos de idealismo no han dejado de influir en la realidad. No es infrecuente, en las regiones más antiguas de Tlön, la duplicación de objetos perdidos. Dos personas buscan un lápiz; la primera lo encuentra y no dice nada; la segunda encuentra un segundo lápiz no menos real, pero más ajustado a su expectativa. Esos objetos secundarios se llaman *hrönir* y son, aunque de forma **desairada**,[37] un poco más largos. Hasta hace poco los *hrönir* fueron hijos casuales de la distracción y el olvido. Parece mentira que su metódica producción cuente apenas cien años, pero así lo declara el Onceno Tomo. Los primeros intentos fueron estériles. El *modus operandi*, sin embargo, merece recordación. El director

---

[37] **desairada**—snubbed, ignored, treated with a lack of respect.

de una de las cárceles del estado comunicó a los **presos**[38]
que en el antiguo **lecho**[39] de un río había ciertos sepulcros
y prometió la libertad a quienes trajeran un **hallazgo**[40]
importante. Durante los meses que precedieron a la
excavación les mostraron láminas fotográficas de lo que
iban a hallar. Ese primer intento probó que la esperanza
y la avidez pueden inhibir; una semana de trabajo con la
pala[41] y el pico[42] no logró exhumar otro *hrön* que una
rueda herrumbrada, de fecha posterior al experimento.
Éste se mantuvo secreto y se repitió después en cuatro
colegios. En tres fue casi total el fracaso; en el cuarto
(cuyo director murió casualmente durante las primeras
excavaciones) los discípulos exhumaron —o produ-
jeron— una máscara de oro, una espada arcaica, dos o
tres **ánforas**[43] de **barro**[44] y el **verdinoso**[45] y mutilado torso
de un rey con una inscripción en el pecho que
no se ha logrado aún descifrar. Así se descubrió la
improcedencia de testigos que conocieran la naturaleza
experimental de la busca... Las investigaciones en
masa producen objetos contradictorios; ahora se prefiere los trabajos individuales y casi improvisados. La
metódica elaboración de *hrönir* (dice el Onceno Tomo) ha
prestado servicios prodigiosos a los arqueólogos. Ha
permitido interrogar y hasta modificar el pasado, que
ahora no es menos plástico y menos dócil que el porvenir. Hecho curioso: los *hrönir* de segundo y tercer
grado —los *hrönir* derivados de otro *hrön*, los *hrönir*
derivados del *hrön* de un *hrön*— exageran las aberra-
ciones del inicial; los de quinto son casi uniformes; los

---

[38] **presos**—prisoners.
[39] **lecho**—bed.
[40] **hallazgo**—discovery, find.
[41] **pala**—shovel.
[42] pico—pick used for turning soil.
[43] ánforas—amphoras; jars for wine or oil.
[44] **barro**—mud.
[45] **verdinoso**—greenish.

de noveno se confunden con los de segundo; en los de undécimo hay una pureza de líneas que los originales no tienen. El proceso es periódico; el *hrön* de duodécimo grado ya empieza a decaer. Más extraño y más puro que todo *hrön* es a veces el *ur:* la cosa producida por sugestión, el objeto educido por la esperanza. La gran máscara de oro que he mencionado es un ilustre ejemplo.

Las cosas se duplican en Tlön; propenden asimismo a borrarse y a perder los detalles cuando los olvida la gente. Es clásico el ejemplo de un **umbral**[46] que perduró mientras lo visitaba un mendigo y que se perdió de vista a su muerte. A veces unos pájaros, un caballo, han salvado las ruinas de un **anfiteatro**.[47]

Salto Oriental. 1940.

* * *

Posdata de 1947. Reproduzco el artículo anterior tal como apareció en la *Antología de la literatura fantástica,* 1940, sin otra **escisión**[48] que algunas metáforas y que una especie de resumen **burlón**[49] que ahora resulta frívolo. Han ocurrido tantas cosas desde esa fecha... Me limitaré a recordarlas.

En marzo de 1941 se descubrió una carta manuscrita de Gunnar Erfjord en un libro de Hinton que había sido de Herbert Ashe. El sobre tenía el sello postal de Ouro Preto; la carta elucidaba enteramente el misterio de Tlön. Su texto **corrobora**[50] las hipótesis de Martínez Estrada. A principios del siglo XVII en una noche de Lucerna o de Londres, empezó la espléndida historia. Una sociedad secreta y benévola (que entre sus afiliados tuvo a Dalgarno y después a George Berkeley) surgió para inventar un país. En el vago programa inicial

---

[46] **umbral**—doorway, threshold.

[47] **anfiteatro**—amphitheater.

[48] **escisión**—split, division.

[49] **burlón**—mocking.

[50] **corrobora**—corroborates, supports with evidence.

figuraban los «estudios herméticos», la filantropía y la cábala.[51] De esa primera época data el curioso libro de Andreä. Al cabo de unos años de conciliábulos[52] y de síntesis prematuras comprendieron que una generación no bastaba para articular un país. Resolvieron que cada uno de los maestros que la integraban eligiera un discípulo para la continuación de la obra. Esa disposición hereditaria prevaleció; después de un **hiato**[53] de dos siglos la perseguida fraternidad resurge en América. Hacia 1824, en Memphis (Tennessee) uno de los afiliados conversa con el ascético millonario Ezra Buckley. Éste lo deja hablar con algún desdén —y se ríe de la modestia del proyecto—. Le dice que en América es absurdo inventar un país y le propone la invención de un planeta. A esa gigantesca idea **añade**[54] otra, hija de su nihilismo;[*55] la de guardar en el silencio la empresa enorme. Circulaban entonces los veinte tomos de la *Encyclopaedia Britannica;* Buckley sugiere una enciclopedia metódica del planeta ilusorio. Les dejará sus **cordilleras**[56] auríferas, sus ríos navegables, sus praderas **holladas**[57] por el toro y por el bisonte, sus negros, sus prostíbulos y sus dólares, bajo una condición: «La obra no pactará con el impostor Jesucristo». Buckley descree de Dios, pero quiere demostrar al Dios no existente que los hombres mortales son capaces de concebir un mundo. Buckley es envenenado en Baton Rouge en 1828; en 1914 la sociedad remite a sus colaboradores, que son trescientos, el volumen final de

---

*
  Buckley era librepensador, fatalista y defensor de la esclavitud.

[51] cabala—a body of mystical teachings based on an esoteric interpretation of the Hebrew Scriptures.

[52] conciliábulos—meetings held to deal with a secret or forbidden subject.

[53] **hiato**—hiatus; an interruption or break

[54] **añade**—adds.

[55] nihilismo—nihilism; a belief which rejects all political or religious authority and current ideas in favor of the individual.

[56] **cordilleras**—mountain ranges.

[57] **holladas**—trodden.

la Primera Enciclopedia de Tlön. La edición es secreta: los cuarenta volúmenes que comprende (la obra más vasta que han acometido los hombres) serían la base de otra más minuciosa, redactada no ya en inglés, sino en alguna de las lenguas de Tlön. Esa revisión de un mundo ilusorio se llama provisoriamente *Orbis Tertius* y uno de sus modestos demiurgos[58] fue Herbert Ashe, no sé si como agente de Gunnar Erfjord o como afiliado. Su recepción de un ejemplar del Onceno Tomo parece favorecer lo segundo. Pero ¿y los otros? Hacia 1942 **arreciaron**[59] los hechos. Recuerdo con singular **nitidez**[60] uno de los primeros y me parece que algo sentí de su carácter premonitorio. Ocurrió en un departamento de la calle Laprida, frente a un claro y alto balcón que miraba al ocaso. La princesa de Faucigny Lucinge había recibido de Poitiers su vajilla de plata. Del vasto fondo de un cajón **rubricado**[61] de sellos internacionales iban saliendo finas cosas inmóviles: platería de Utrecht y de París con dura fauna heráldica, un samovar.[62] Entre ellas —con un perceptible y tenue temblor de pájaro dormido— **latía**[63] misteriosamente una brújula. La princesa no la reconoció. La aguja azul **anhelaba**[64] el norte magnético; la caja de metal era cóncava; las letras de la esfera correspondían a uno de los alfabetos de Tlön. Tal fue la primera intrusión del mundo fantástico en el mundo real. Un azar que me inquieta hizo que yo también fuera testigo de la segunda. Ocurrió unos meses después, en la **pulpería**[65] de un brasilero, en la Cuchilla Negra. Amorim y yo regresábamos de

---

[58] demiurgos—demiurges; powerful creative forces or personalities.

[59] **arreciaron**—raged, became more intense.

[60] **nitidez**—clarity.

[61] **rubricado**—signed with a decorative flourish.

[62] samovar—samovar; a large decorated metal container that was traditionally used in Russia for making tea.

[63] **latía**—beat.

[64] **anhelaba**—yearned for, longed for.

[65] **pulpería**—general store.

Sant'Anna. Una creciente del río Tacuarembó nos obligó a probar (y a sobrellevar) esa rudimentaria hospitalidad. El pulpero nos acomodó unos **catres**[66] crujientes en una pieza grande, entorpecida de barriles y cueros. Nos acostamos, pero no nos dejó dormir hasta el alba la borrachera de un vecino invisible, que alternaba **denuestos**[67] inextricables con **rachas**[68] de milongas —más bien con rachas de una sola milonga—. Como es de suponer, atribuimos a la **fogosa**[69] **caña**[70] del patrón ese griterío insistente... A la madrugada, el hombre estaba muerto en el corredor. La **aspereza**[71] de la voz nos había engañado: era un muchacho joven. En el delirio se le habían caído del tirador unas cuantas monedas y un cono de metal reluciente del diámetro de un **dado**.[72] En vano un chico trató de recoger ese cono. Un hombre apenas acertó a levantarlo. Yo lo tuve en la palma de la mano algunos minutos: recuerdo que su peso era intolerable y que después de retirado el cono, la opresión perduró. También recuerdo el círculo preciso que me grabó en la carne. Esa evidencia de un objeto muy chico y a la vez pesadísimo dejaba una impresión desagradable de **asco**[73] y de miedo. Un paisano propuso que lo tiraran al río correntoso; Amorim lo adquirió mediante unos pesos. Nadie sabía nada del muerto, salvo «que venía de la frontera». Esos conos pequeños y muy pesados (hechos de un metal que no es de este mundo) son imagen de la divinidad, en ciertas religiones de Tlön.

Aquí doy término a la parte personal de mi narración. Lo demás está en la memoria (cuando no en la esperanza o en el temor) de todos mis lectores.

---

[66] **catres**—folding beds.

[67] **denuestos**—insults.

[68] **rachas**—gushes, spates.

[69] **fogosa**—fiery, impetuous, vehement.

[70] **caña**—uncured brandy or rum.

[71] **aspereza**—roughness, harshness.

[72] **dado**—die (singular of *dice*).

[73] **asco**—revolt, disgust.

Básteme recordar o mencionar los hechos subsiguientes, con una mera brevedad de palabras que el cóncavo recuerdo general enriquecerá o ampliará. Hacia 1944 un investigador del diario *The American* (de Nashville, Tennessee) exhumó en una biblioteca de Memphis los cuarenta volúmenes de la Primera Enciclopedia de Tlön. Hasta el día de hoy se discute si ese descubrimiento fue casual o si lo consintieron los directores del todavía **nebuloso**[74] *Orbis Tertius*. Es verosímil lo segundo. Algunos rasgos increíbles del Onceno Tomo (verbigracia, la multiplicación de los *hrönir)* han sido eliminados o **atenuados**[75] en el ejemplar de Memphis; es razonable imaginar que esas **tachaduras**[76] obedecen al plan de exhibir un mundo que no sea demasiado incompatible con el mundo real. La diseminación de objetos de Tlön en diversos países complementaría ese plan. . .* El hecho es que la prensa internacional voceó infinitamente el «hallazgo». Manuales, antologías, resúmenes, versiones literales, reimpresiones autorizadas y reimpresiones piráticas de la Obra Mayor de los Hombres **abarrotaron**[77] y siguen abarrotando la tierra. Casi inmediatamente, la realidad **cedió**[78] en más de un punto. Lo cierto es que anhelaba ceder. Hace diez años bastaba cualquier simetría con apariencia de orden —el materialismo dialéctico, el antisemitismo, el nazismo— para **embelesar**[79] a los hombres. ¿Cómo no **someterse**[80] a Tlön, a la minuciosa y vasta evidencia de un planeta ordenado? Inútil responder que la realidad también está ordenada. Quizá lo esté, pero de acuerdo a leyes divinas —traduzco: a leyes inhumanas— que no acabamos

---

* Queda, naturalmente, el problema de la *materia* de algunos objetos.

[74] **nebuloso**—nebulous, vague, difficult to talk about or define.

[75] **atenuados**—dimmed, toned down.

[76] **tachaduras**—erasures, deletions.

[77] **abarrotaron**—flooded.

[78] **cedió**—yielded, ceded.

[79] **embelesar**—to captivate.

[80] **someterse**—to submit to, to yield to.

nunca de percibir. Tlön será un laberinto, pero es un laberinto **urdido**[81] por hombres, un laberinto destinado a que lo descifren los hombres.

El contacto y el hábito de Tlön han desintegrado este mundo. Encantada por su rigor, la humanidad olvida y torna a olvidar que es un rigor de ajedrecistas, no de ángeles. Ya ha penetrado en las escuelas el (conjetural) «idioma primitivo» de Tlön; ya la enseñanza de su historia armoniosa (y llena de episodios conmovedores) ha obliterado a la que presidió mi niñez; ya en las memorias un pasado ficticio ocupa el sitio de otro, del que nada sabemos con certidumbre —ni siquiera que es falso—. Han sido reformadas la numismática, la farmacología y la arqueología. Entiendo que la biología y las matemáticas aguardan también su avatar. . . Una dispersa dinastía de solitarios ha cambiado la **faz**[82] del mundo. Su tarea prosigue. Si nuestras previsiones no erran, de aquí a cien años alguien descubrirá los cien tomos de la Segunda Enciclopedia de Tlön.

Entonces desaparecerán del planeta el inglés y el francés y el mero español. El mundo será Tlön. Yo no hago caso, yo sigo revisando en los quietos días del hotel de Adrogué una indecisa traducción quevediana[83] (que no pienso dar a la imprenta) del *Urn Burial* de Browne.

---

[81] **urdido**—devised.

[82] **faz**—face.

[83] quevediana—relating to Francisco Quevedo, a Spanish poet of the 17th century.

PREGUNTAS

1. ¿Cómo se inicia la trama de este relato?

2. ¿Qué es Uqbar? ¿Qué es Tlön? ¿Qué es Orbis Tertius?

3. "Yo no hago caso, yo sigo revisando. . ." Así concluye Borges este cuento. ¿Qué actitud muestra frente a todo lo que ha descubierto sobre Tlön? Comenta tu respuesta.

Las ruinas circulares

De vuelta se desarrolla en este cuento el tema del sueño y la realidad, pero con un giro original: la paternidad. El ambiente es mítico, primitivo. Un mago aspira a crear un hijo y lo hace a través del sueño. La clave para entender su acción nos remite al libro Frankenstein: or The Modern Prometheus *de Mary Shelly y al* Golem, *una figura esotérica en la cábala hebrea.*

> *And if he left off dreaming about you. . .*
>
> *Through the Looking-Glass,* **VI**

Nadie lo vio desembarcar en la unánime noche, nadie vio la canoa de bambú sumiéndose en el **fango**[1] sagrado, pero a los pocos días nadie ignoraba que el hombre **taciturno**[2] venía del Sur y que su patria era una de las infinitas aldeas que están aguas arriba, en el **flanco**[3] violento de la montaña, donde el idioma zend no está contaminado de griego y donde es infrecuente la

---

[1] **fango**—mud.

[2] **taciturno**—taciturn, silent, untalkative.

[3] **flanco**—flank, side.

lepra.[4] Lo cierto es que el hombre gris besó el fango, repechó la **ribera**[5] sin apartar (probablemente, sin sentir) las cortaderas que le dilaceraban las carnes y se **arrastró**,[6] marcado y ensangrentado, hasta el recinto circular que corona un tigre o caballo de piedra, que tuvo alguna vez el color del fuego y ahora el de la **ceniza**.[7] Ese redondel es un templo que devoraron los incendios antiguos, que la selva **palúdica**[8] ha profanado y cuyo dios no recibe honor de los hombres. El forastero se tendió bajo el pedestal. Lo despertó el sol alto. Comprobó sin asombro que las heridas habían **cicatrizado**;[9] cerró los ojos pálidos y durmió, no por flaqueza de la carne sino por determinación de la voluntad. Sabía que ese templo era el lugar que requería su invencible propósito; sabía que los árboles incesantes no habían logrado estrangular, río abajo, las ruinas de otro templo propicio, también de dioses incendiados y muertos; sabía que su inmediata obligación era el sueño. Hacia la medianoche lo despertó el grito inconsolable de un pájaro. Rastros de pies **descalzos**,[10] unos **higos**[11] y un cántaro le advirtieron que los hombres de la región habían espiado con respeto su sueño y solicitaban su amparo o temían su magia. Sintió el frío del miedo y buscó en la muralla dilapidada un nicho sepulcral y se tapó con hojas desconocidas.

El propósito que lo guiaba no era imposible, aunque sí sobrenatural. Quería soñar un hombre: quería soñarlo con integridad minuciosa e imponerlo a la realidad. Ese proyecto mágico había agotado el espacio entero de su alma; si alguien le hubiera preguntado su propio nombre o cualquier rasgo de su vida anterior, no habría acertado

---

[4] **lepra**—leper; a person who has a chronic disease called leprosy.

[5] **ribera**—bank, shore.

[6] **arrastró**—dragged.

[7] **ceniza**—ash.

[8] **palúdica**—swampy, marshy.

[9] **cicatrizado**—healed.

[10] **descalzos**—barefoot.

[11] **higos**—figs.

a responder. Le convenía el templo inhabitado y **despedazado**,[12] porque era un mínimo de mundo visible; la cercanía de los **leñadores**[13] también, porque éstos se encargaban de subvenir a sus necesidades frugales. El arroz y las frutas de su tributo eran **pábulo**[14] suficiente para su cuerpo, consagrado a la única tarea de dormir y soñar.

Al principio, los sueños eran caóticos; poco después, fueron de naturaleza dialéctica. El forastero se soñaba en el centro de un anfiteatro circular que era de algún modo el templo incendiado: nubes de alumnos taciturnos fatigaban las **gradas**;[15] las caras de los últimos pendían a muchos siglos de distancia y a una altura estelar, pero eran del todo precisas. El hombre les dictaba lecciones de anatomía, de cosmografía, de magia: los **rostros**[16] escuchaban con ansiedad y procuraban responder con entendimiento, como si adivinaran la importancia de aquel examen, que redimiría a uno de ellos de su condición de vana apariencia y lo interpolaría en el mundo real. El hombre, en el sueño y en la vigilia, consideraba las respuestas de sus fantasmas, no se dejaba **embaucar**[17] por los impostores, adivinaba en ciertas perplejidades una inteligencia creciente. Buscaba un alma que mereciera participar en el universo.

A las nueve o diez noches comprendió con alguna **amargura**[18] que nada podía esperar de aquellos alumnos que aceptaban con pasividad su doctrina y sí de aquellos que arriesgaban, a veces, una contradicción razonable. Los primeros, aunque dignos de amor y de buen afecto, no podían ascender a individuos; los últimos

---

[12] **despedazado**—cut into pieces.

[13] **leñadores**—woodcutters.

[14] **pábulo**—fuel.

[15] **gradas**—steps, gradations.

[16] **rostros**—faces.

[17] **embaucar**—deceive.

[18] **amargura**—bitterness.

preexistían un poco más. Una tarde (ahora también las tardes eran tributarias del sueño, ahora no velaba sino un par de horas en el amanecer) licenció para siempre el vasto colegio ilusorio y se quedó con un solo alumno. Era un muchacho taciturno, **cetrino**,[19] **díscolo**[20] a veces, de rasgos **aislados**[21] que repetían los de su soñador. No lo desconcertó por mucho tiempo la brusca eliminación de los condiscípulos; su progreso, al cabo de unas pocas lecciones particulares, pudo maravillar al maestro. Sin embargo, la catástrofe sobrevino. El hombre, un día, emergió del sueño como de un desierto **viscoso**,[22] miró la vana luz de la tarde que al pronto confundió con la aurora y comprendió que no había soñado. Toda esa noche y todo el día, la intolerable lucidez del insomnio se abatió contra él. Quiso explorar la selva, extenuarse; apenas alcanzó entre la **cicuta**[23] unas rachas de sueño débil, **veteadas**[24] fugazmente de visiones de tipo rudimental: inservibles. Quiso congregar el colegio y apenas hubo articulado unas breves palabras de exhortación, éste se deformó, se borró. En la casi perpetua vigilia, lágrimas de ira le quemaban los viejos ojos.

Comprendió que el empeño de modelar la materia incoherente y vertiginosa de que se componen los sueños es el más arduo que puede acometer un varón, aunque penetre todos los enigmas del orden superior y del inferior: mucho más arduo que tejer una cuerda de arena o que **amonedar**[25] el viento sin cara. Comprendió que un fracaso inicial era inevitable. Juró olvidar la

---

[19] **cetrino**—melancholic.

[20] **díscolo**—unruly, disobedient.

[21] **aislados**—isolated.

[22] **viscoso**—viscous, sticky.

[23] **cicuta**—hemlock.

[24] **veteadas**—streaked, veined.

[25] **amonedar**—to stamp.

enorme **alucinación**[26] que lo había desviado al principio y buscó otro método de trabajo. Antes de ejercitarlo, dedicó un mes a la reposición de las fuerzas que había malgastado el delirio. Abandonó toda premeditación de soñar y casi acto continuo logró dormir un trecho razonable del día. Las raras veces que soñó durante ese periodo, no reparó en los sueños. Para reanudar la tarea, esperó que el disco de la luna fuera perfecto. Luego, en la tarde, se purificó en las aguas del río, adoró los dioses planetarios, pronunció las sílabas lícitas de un nombre poderoso y durmió. Casi inmediatamente, soñó con un corazón que latía.

Lo soñó activo, **caluroso**,[27] secreto, del grandor de un puño cerrado, color **granate**[28] en la penumbra de un cuerpo humano aún sin cara ni sexo; con minucioso amor lo soñó, durante catorce lúcidas noches. Cada noche, lo percibía con mayor evidencia. No lo tocaba; se limitaba a atestiguarlo, a observarlo, tal vez a corregirlo con la mirada. Lo percibía, lo vivía, desde muchas distancias y muchos ángulos. La noche catorcena rozó la arteria **pulmonar**[29] con el índice y luego todo el corazón, desde afuera y adentro. El examen lo satisfizo. Deliberadamente no soñó durante una noche: luego retomó el corazón, invocó el nombre de un planeta y emprendió la visión de otro de los órganos principales. Antes de un año llegó al esqueleto, a los párpados. El pelo innumerable fue tal vez la tarea más difícil. Soñó un hombre íntegro, un **mancebo**,[30] pero éste no se incorporaba ni hablaba ni podía abrir los ojos. Noche tras noche, el hombre lo soñaba dormido.

---

[26] **alucinación**—hallucination.

[27] **caluroso**—warm.

[28] **granate**—garnet.

[29] **pulmonar**—pulmonary; of the lung.

[30] **mancebo**—youth.

En las cosmogonías gnósticas, los demiurgos amasan un rojo Adán[31] que no logra ponerse de pie; tan inhábil y rudo y elemental como ese Adán de polvo era el Adán de sueño que las noches del mago habían fabricado. Una tarde, el hombre casi destruyó toda su obra, pero se arrepintió. (Más le hubiera valido destruirla.) Agotados los votos a los númenes de la tierra y del río, se arrojó a los pies de la efigie que tal vez era un tigre y tal vez un potro, e imploró su desconocido socorro. Ese crepúsculo, soñó con la estatua. La soñó viva, trémula: no era un atroz bastardo de tigre y **potro**,[32] sino a la vez esas dos criaturas vehementes y también un toro, una rosa, una tempestad. Ese múltiple dios le reveló que su nombre terrenal era Fuego, que en ese templo circular (y en otros iguales) le habían rendido sacrificios y culto y que mágicamente animaría al fantasma soñado, de suerte que todas las criaturas, excepto el Fuego mismo y el soñador, lo pensaran un hombre de carne y hueso. Le ordenó que una vez instruido en los ritos, lo enviaría al otro templo despedazado cuyas pirámides persisten aguas abajo, para que alguna voz lo glorificara en aquel edificio desierto. En el sueño del hombre que soñaba, el soñado se despertó.

El mago ejecutó esas órdenes. Consagró un plazo (que finalmente abarcó dos años) a descubrirle los **arcanos**[33] del universo y del culto del fuego. Íntimamente, le dolía apartarse de él. Con el pretexto de la necesidad pedagógica, dilataba cada día las horas dedicadas al sueño. También rehizo el hombro derecho, acaso deficiente. A veces, lo inquietaba una impresión de que ya todo eso había acontecido... En general, sus días eran felices; al cerrar los ojos pensaba: *Ahora estaré con mi*

---

[31] Adán—Adam.
[32] **potro**—colt.
[33] **arcanos**—secrets.

hijo. O, más raramente: *El hijo que he* **engendrado**[34] *me espera y no existirá si no voy.*

Gradualmente, lo fue acostumbrando a la realidad. Una vez le ordenó que embanderara una **cumbre**[35] lejana. Al otro día, flameaba la bandera en la cumbre. Ensayó otros experimentos análogos, cada vez más audaces. Comprendió con cierta amargura que su hijo estaba listo para nacer —y tal vez impaciente—. Esa noche lo besó por primera vez y lo envió al otro templo cuyos despojos blanqueaban río abajo, a muchas leguas de inextricable selva y de **ciénaga**.[36] Antes (para que no supiera nunca que era un fantasma, para que se creyera un hombre como los otros) le infundió el olvido total de sus años de aprendizaje.

Su victoria y su paz quedaron **empañadas**[37] de **hastío**.[38] En los crepúsculos de la tarde y del alba, se prosternaba ante la figura de piedra, tal vez imaginando que su hijo irreal ejecutaba idénticos ritos, en otras ruinas circulares, aguas abajo; de noche no soñaba, o soñaba como lo hacen todos los hombres. Percibía con cierta palidez los sonidos y formas del universo: el hijo ausente se nutría de esas disminuciones de su alma. El propósito de su vida estaba colmado; el hombre persistió en una suerte de éxtasis. Al cabo de un tiempo que ciertos narradores de su historia prefieren computar en años y otros en lustros, lo despertaron dos remeros a medianoche: no pudo ver sus caras, pero le hablaron de un hombre mágico en un templo del Norte, capaz de hollar el fuego y de no quemarse. El mago recordó bruscamente las palabras del dios. Recordó que de todas las criaturas que componen el orbe, el fuego era la única que sabía que su hijo era un fantasma. Ese recuerdo,

---

[34] **engendrado**—engendered, created, produced.

[35] **cumbre**—pinnacle, climax.

[36] **ciénaga**—swamp.

[37] **empañadas**—tarnished, darkened.

[38] **hastío**—excess, boredom, disgust.

apaciguador[39] al principio, acabó por **atormentarlo**.[40] Temió que su hijo meditara en ese privilegio anormal y descubriera de algún modo su condición de mero **simulacro**.[41] No ser un hombre, ser la proyección del sueño de otro hombre ¡qué humillación incomparable, qué vértigo! A todo padre le interesan los hijos que ha procreado (que ha permitido) en una mera confusión o felicidad; es natural que el mago temiera por el porvenir de aquel hijo, pensado entraña por entraña y rasgo por rasgo, en mil y una noches secretas.

El término de sus **cavilaciones**[42] fue brusco, pero lo prometieron algunos signos. Primero (al cabo de una larga **sequía**)[43] una remota nube en un cerro, liviana como un pájaro; luego hacia el Sur, el cielo que tenía el color rosado de la **encía**[44] de los leopardos; luego las humaredas que herrumbraron el metal de las noches; después la fuga pánica de las bestias. Porque se repitió lo **acontecido**[45] hace muchos siglos. Las ruinas del santuario del dios del fuego fueron destruidas por el fuego. En un alba sin pájaros el mago vio **cernirse**[46] contra los muros el incendio concéntrico. Por un instante, pensó refugiarse en las aguas, pero luego comprendió que la muerte venía a coronar su vejez y a absolverlo de sus trabajos. Caminó contra los jirones de fuego. Éstos no **mordieron**[47] su carne, éstos lo acariciaron y lo inundaron sin calor y sin combustión. Con **alivio**,[48] con humillación, con terror, comprendió que él también era una apariencia, que otro estaba soñándolo.

---

[39] **apaciguador**—pacifying, assuaging, alleviating another's anger or frustration.

[40] **atormentarlo**—to torture him, torment him.

[41] **simulacro**—sham, image.

[42] **cavilaciones**—considerations, deliberations, deep thoughts.

[43] **sequía**—drought.

[44] **encía**—gum.

[45] **acontecido**—that which happened.

[46] **cernirse**—hover, loom, threaten.

[47] **mordieron**—bite.

[48] **alivio**—relief.

PREGUNTAS

1. ¿Cuál es el propósito del protagonista? ¿Qué hace para conseguirlo?

2. ¿Qué circunstancias favorecen el éxito de la tarea del forastero?

3. ¿Qué elementos crean el carácter mágico de esta narración?

4. ¿Qué descubre el forastero al final del cuento? ¿Cómo afecta este descubrimiento al tema de la historia?

Pierre Menard, autor del Quijote

Borges escribió este cuento tras un accidente que sufrió a finales de la década de los años treinta, en el cual resultó herido de gravedad. Se trata de un cuento que también es a la vez un ensayo. El protagonista es un simbolista francés que aspira a reescribir, pero no a copiar, el libro de Miguel de Cervantes, Don Quijote de la Mancha. *La manera en que se presenta la idea sirve para reflexionar sobre las varias lecturas posibles de un texto literario y sobre cómo cada escritor está atrapado en su propia época.*

A Silvina Ocampo

La obra *visible* que ha dejado este novelista es de fácil y breve enumeración. Son, por lo tanto, imperdonables las omisiones y adiciones perpetradas por Madame Henri Bachelier en un catálogo **falaz**[1] que cierto diario cuya tendencia *protestante* no es un secreto ha tenido la desconsideración de inferir a sus

---

[1] **falaz**—false, deceptive.

deplorables lectores —si bien éstos son pocos y calvinistas, cuando no masones y circuncisos. Los amigos auténticos de Menard han visto con alarma ese catálogo y aun con cierta tristeza. Diríase que ayer nos reunimos ante el **mármol**[2] final y entre los cipreses **infaustos**[3] y ya el Error trata de **empañar**[4] su Memoria. . . Decididamente, una breve rectificación es inevitable.

Me consta que es muy fácil **recusar**[5] mi pobre autoridad. Espero, sin embargo, que no me prohibirán mencionar dos altos testimonios. La baronesa de Bacourt (en cuyos *vendredis* inolvidables tuve el honor de conocer al llorado poeta) ha tenido a bien aprobar las líneas que siguen. La **condesa**[6] de Bagnoregio, uno de los espíritus más finos del principado de Mónaco (y ahora de Pittsburg, Pennsylvania, después de su reciente boda con el filántropo internacional Simón Kautzsch, tan **calumniado,**[7] ¡ay!, por las víctimas de sus desinteresadas **maniobras**)[8] ha sacrificado «a la veracidad y a la muerte» (tales son sus palabras) la señoril reserva que la distingue y en una carta abierta publicada en la revista *Luxe* me concede asimismo su **beneplácito**.[9] Esas ejecutorias, creo, no son insuficientes.

He dicho que la obra *visible* de Menard es fácilmente enumerable. Examinado con **esmero**[10] su archivo particular, he verificado que consta de las piezas que siguen:

a) Un soneto simbolista que apareció dos veces (con variaciones) en la revista *La conque* (números de marzo y octubre de 1899).

---

[2] **mármol**—marble.

[3] **infaustos**—sad, ill-fated.

[4] **empañar**—to darken, to tarnish.

[5] **recusar**—to challenge.

[6] **condesa**—countess.

[7] **calumniado**—slandered, defamed.

[8] **maniobras**—maneuvers.

[9] **beneplácito**—approval, sanction.

[10] **esmero**—care.

b) Una monografía sobre la posibilidad de construir un vocabulario poético de conceptos que no fueran sinónimos o perífrasis de los que informan el lenguaje común, «sino objetos ideales creados por una convención y esencialmente destinados a las necesidades poéticas» (Nîmes, 1901).

c) Una monografía sobre «ciertas conexiones o afinidades» del pensamiento de Descartes, de Leibniz y de John Wilkins (Nîmes, 1903).

d) Una monografía sobre la *Characteristica universalis* de Leibniz (Nîmes, 1904).

e) Un artículo técnico sobre la posibilidad de **enriquecer**[11] el ajedrez eliminando uno de los peones de torre. Menard propone, recomienda, discute y acaba por rechazar esa innovación.

f) Una monografía sobre el *Ars magna generalis* de Ramón Llull (Nîmes, 1906).

g) Una traducción con prólogo y notas del *Libro de la invención liberal y arte del juego del axedrez* de Ruy López de Segura (París, 1907).

h) Los borradores de una monografía sobre la lógica simbólica de George Boole.

i) Un examen de las leyes métricas esenciales de la prosa francesa, ilustrado con ejemplos de Saint-Simon (*Revue des langues romanes*, Montpellier, octubre de 1909).

j) Una réplica a Luc Durtain (que había negado la existencia de tales leyes) ilustrada con ejemplos de Luc Durtain (*Revue des langues romanes*, Montpellier, diciembre de 1909).

---

[11] **enriquecer**—to enrich.

k) Una traducción manuscrita de la *Aguja de navegar cultos* de Quevedo, intitulada *La boussole le des précieux.*

l) Un prefacio al catálogo de la exposición de litografías de Carolus Hourcade (Nîmes, 1914).

m) La obra *Les problemes d'un probléme* (París, 1917) que discute en orden cronológico las soluciones del ilustre problema de Aquiles y la tortuga. Dos ediciones de este libro han aparecido hasta ahora; la segunda trae como epígrafe consejo de Leibniz «Ne craignez point, monsieur la tortue», y renueva los capítulos dedicados a Russell y a Descartes.

n) Un obstinado análisis de las «costumbres sintácticas» de Toulet *(N. R. F.,* marzo de 1921). Menard —recuerdo— declaraba que censurar y **alabar**[12] son operaciones sentimentales que nada tienen que ver con la crítica.

o) Una trasposición en alejandrinos del *Cimetière marin,* de Paul Valéry *(N. R. F.,* enero de 1928).

p) Una **invectiva**[13] contra Paul Valéry, en las *Hojas para la supresión de la realidad* de Jacques Reboul. (Esa invectiva, dicho sea entre paréntesis, es el reverso exacto de su verdadera opinión sobre Valéry. Éste así lo entendió y la amistad antigua de los dos no corrió peligro.)

q) Una «definición» de la condesa de Bagnoregio el «victorioso volumen» —la locución es otro colaborador, Gabriele d'Annunzio— que anualmente publica esta dama para rectificar los

---

[12] **alabar**—to praise.

[13] **invectiva**—invective; acutely negative criticism or commentary.

inevitables falseos del periodismo y presentar «al mundo y a Italia» una auténtica efigie de su persona, tan expuesta (en razón misma de su belleza y de su actuación) a interpretaciones erróneas o apresuradas.

r) Un ciclo de admirables sonetos para la baronesa de Bacourt (1934).

s) Una lista manuscrita de versos que deben su eficacia a la puntuación.[*]

Hasta aquí (sin otra omisión que unos vagos sonetos circunstanciales para el hospitalario, o **ávido**,[14] álbum de Madame Henri Bachelier) la obra *visible* de Menard, en su orden cronológico. Paso ahora a la otra: la subterránea, la interminablemente heroica, la impar. También, ¡ay de las posibilidades del hombre!, la inconclusa. Esa obra, tal vez la más significativa de nuestro tiempo, consta de los capítulos noveno y trigésimo octavo de la primera parte del don Quijote[15] y de un fragmento del capítulo veintidós. Yo sé que tal afirmación parece un **dislate**;[16] justificar ese «dislate» es el objeto primordial de esta nota.[*]

---

[*] Madame Henri Bachelier enumera asimismo una versión literal de la versión literal que hizo Quevedo de la *Introduction à la vie dévote* de san Francisco de Sales. En la biblioteca de Pierre Menard no hay rastros de tal obra. Debe tratarse de una broma de nuestro amigo, mal escuchada.

[*] Tuve también el propósito secundario de bosquejar la imagen de Pierre Menard. Pero ¿cómo atreverme a competir con las páginas áureas que me dicen prepara la baronesa de Bacourt o con el lápiz delicado y puntual de Carolus Hourcade?

[14] **ávido**—avid; keenly interested and enthusiastic.

[15] don Quijote—reference to the famous Spanish novel *Don Quijote de la Mancha*, by Miguel de Cervantes (1547–1616). *Don Quijote* was published in two parts; here, the author refers to Part I. After the publication of Part I in 1604, several false writers tried to imitate Cervantes by writing continuations of the story. These acts of plagiarism inspired Cervantes himself to conclude the story of don Quijote by publishing Part II of the novel in 1615.

[16] **dislate**—absurdity, nonsense.

Dos textos de valor desigual inspiraron la empresa. Uno es aquel fragmento filológico de Novalis —el que lleva el número 2005 en la edición de Dresden— que **esboza**[17] el tema de la *total identificación* con un autor determinado. Otro es uno de esos libros parasitarios que sitúan a Cristo en un bulevar, a Hamlet en la Cannebière o a don Quijote en Wall Street. Como todo hombre de buen gusto, Menard abominaba de esos carnavales inútiles, sólo aptos —decía— para ocasionar el **plebeyo**[18] placer del anacronismo o (lo que es peor) para **embelesarnos**[19] con la idea primaria de que todas las épocas son iguales o de que son distintas. Más interesante, aunque de ejecución contradictoria y superficial, le parecía el famoso propósito de Daudet: conjugar en *una* figura, que es Tartarín, al Ingenioso Hidalgo[20] y a su escudero[21]... Quienes han insinuado que Menard dedicó su vida a escribir un Quijote contemporáneo, calumnian su clara memoria.

No quería componer otro Quijote —lo cual es fácil— sino el *Quijote.* Inútil agregar que no **encaró**[22] nunca una transcripción mecánica del original; no se proponía copiarlo. Su admirable ambición era producir unas páginas que coincidieran —palabra por palabra y línea por línea— con las de Miguel de Cervantes.

«Mi propósito es meramente asombroso», me escribió el 30 de septiembre de 1934 desde Bayonne. «El término final de una demostración teológica o metafísica —el mundo externo, Dios, la causalidad, las formas universales— no es menos anterior y común que

---

[17] **esboza**—sketches, outlines.

[18] **plebeyo**—plebeian, lower-class.

[19] **embelesarnos**—charm us, fascinate us.

[20] **Ingenioso Hidalgo**—literally, "Ingenious Nobleman"; here, a reference to don Quijote.

[21] escudero—squire; in *Don Quijote*, Sancho Panza was the don's squire.

[22] **encaró**—approached.

mi divulgada novela. La sola diferencia es que los filósofos publican en agradables volúmenes las etapas intermediarias de su labor y que yo he resuelto perderlas.» En efecto, no queda un solo borrador que atestigüe ese trabajo de años.

El método inicial que imaginó era relativamente sencillo. Conocer bien el español, recuperar la fe católica, guerrear contra los moros o contra el turco, olvidar la historia de Europa entre los años de 1602 y de 1918, *ser* Miguel de Cervantes. Pierre Menard estudió ese procedimiento (sé que logró un manejo bastante fiel del español del siglo diecisiete) pero lo descartó por fácil. ¡Más bien por imposible! dirá el lector. De acuerdo, pero la empresa era de antemano imposible y de todos los medios imposibles para llevarla a término, éste era el menos interesante. Ser en el siglo veinte un novelista popular del siglo diecisiete le pareció una disminución. Ser, de alguna manera, Cervantes y llegar al Quijote le pareció menos arduo —por consiguiente, menos interesante— que seguir siendo Pierre Menard y llegar al Quijote, a través de las experiencias de Pierre Menard. (Esa convicción, dicho sea de paso, le hizo excluir el prólogo autobiográfico de la segunda parte del Don Quijote. Incluir ese prólogo hubiera sido crear otro personaje —Cervantes— pero también hubiera significado presentar el Quijote en función de ese personaje y no de Menard. Éste, naturalmente, se negó a esa facilidad.) «Mi empresa no es difícil, esencialmente», leo en otro lugar de la carta. «Me bastaría ser inmortal para llevarla a cabo.» ¿Confesaré que suelo imaginar que la terminó y que leo el Quijote —todo el Quijote— como si lo hubiera pensado Menard? Noches pasadas, al hojear el capítulo XXV —no ensayado nunca por él— reconocí el estilo de nuestro amigo y como su voz en esta frase excepcional: *las ninfas de los ríos, la dolorosa y húmida Eco.* Esa conjunción eficaz de un adjetivo oral y otro físico me trajo a la memoria un verso de Shakespeare, que discutimos una tarde:

Where a malignant and a turbaned Turk. . .

¿Por qué precisamente el Quijote? dirá nuestro lector. Esa preferencia, en un español, no hubiera sido inexplicable, pero sin duda lo es en un simbolista de Nîmes, devoto esencialmente de Poe, que engendró a Baudelaire, que engendró a Mallarmé, que engendró a Valéry, que engendró a Edmond Teste. La carta precitada ilumina el punto. «El Quijote», aclara Menard, «me interesa profundamente, pero no me parece ¿cómo lo diré? inevitable. No puedo imaginar el universo sin la interjección de Poe:

Ah, bear in mind this garden was enchanted!

o sin el *Bateau ivre* o el *Ancient mariner*, pero me sé capaz de imaginarlo sin el Quijote. (Hablo, naturalmente, de mi capacidad personal, no de la resonancia histórica de las obras.) El Quijote es un libro contingente, el Quijote es innecesario. Puedo premeditar su escritura, puedo escribirlo, sin incurrir en una tautología.[23] A los doce o trece años lo leí, tal vez íntegramente. Después he releído con atención algunos capítulos, aquellos que no intentaré por ahora. He cursado asimismo los entremeses,[24] las comedias, la Galatea, las novelas ejemplares, los trabajos sin duda laboriosos de Persiles y Sigismunda y el Viaje del Parnaso. . . Mi recuerdo general del Quijote, simplificado por el olvido y la indiferencia, puede muy bien equivaler a la imprecisa imagen anterior de un libro no escrito. Postulada esa imagen (que nadie en buena ley me puede negar) es indiscutible que mi

---

[23] tautología—tautology, needless repetition, redundancy.

[24] entremeses—in theater: interludes or farces.

problema es harto más difícil que el de Cervantes. Mi complaciente precursor no rehusó la colaboración del azar: iba componiendo la obra inmortal un poco *à la diable,* llevado por inercias del lenguaje y de la invención. Yo he contraído el misterioso deber de reconstruir literalmente su obra espontánea. Mi solitario juego está gobernado por dos leyes polares. La primera me permite ensayar variantes de tipo formal o psicológico; la segunda me obliga a sacrificarlas al texto 'original' y a razonar de un modo irrefutable esa aniquilación. . . A esas **trabas**[25] artificiales hay que sumar otra, **congénita.**[26] Componer el Quijote a principios del siglo diecisiete era una empresa razonable, necesaria, acaso fatal; a principios del veinte, es casi imposible. No en vano han transcurrido trescientos años, cargados de complejísimos hechos. Entre ellos, para mencionar uno solo: el mismo Quijote.»

A pesar de esos tres obstáculos, el fragmentario Quijote de Menard es más sutil que el de Cervantes. Éste, de un modo **burdo,**[27] opone a las ficciones caballerescas la pobre realidad provinciana de su país; Menard elige como «realidad» la tierra de Carmen[28] durante el siglo de Lepanto[29] y de Lope.[30] ¡Qué españoladas no habría aconsejado esa elección a Maurice Barrès o al doctor Rodríguez Larreta! Menard, con toda naturalidad, las elude. En su obra no hay gitanerías ni conquistadores, ni místicos, ni Felipe

---

[25] **trabas**—obstacles, impediments.

[26] **congénita**—congenital, inherent, existing since birth.

[27] **burdo**—coarse.

[28] la tierra de Carmen—the land of Carmen, main character of the novel *Carmen* (1845), by Prosper Merimée. The novel, set in Seville (Spain), is the story of a tragic romance between a Gypsy woman (Carmen) and a Spanish military officer.

[29] Lepanto—the Gulf of Lepanto, in Greece, where a famous battle between the Turks and the Spanish took place in 1571. Cervantes fought bravely in this battle, during which he was wounded and lost the use of his left hand.

[30] Lope—Lope de Vega, famous Spanish playwright of the Golden Age and the arch rival of Cervantes.

Segundo ni autos de fe. Desatiende o proscribe el color local. Ese desdén indica un sentido nuevo de la novela histórica. Ese desdén condena a *Salammbô*, inapelablemente.

No menos asombroso es considerar capítulos aislados. Por ejemplo, examinemos el XXXVIII de la primera parte, «que trata del curioso discurso que hizo don Quixote de las armas y las letras». Es sabido que don Quijote (como Quevedo en el pasaje análogo, y posterior, de *La hora de todos*) **falla**[31] el **pleito**[32] contra las letras y en favor de las armas. Cervantes era un viejo militar: su fallo se explica. ¡Pero que el don Quijote de Pierre Menard —hombre contemporáneo de *La trahison des clercs* y de Bertrand Russell— **reincida**[33] en esas nebulosas sofisterías! Madame Bachelier ha visto en ellas una admirable y típica subordinación del autor a la psicología del héroe; otros (nada **perspicazmente**)[34] una *transcripción* del Quijote; la baronesa de Bacourt, la influencia de Nietzsche. A esa tercera interpretación (que juzgo irrefutable) no sé si me atreveré a añadir una cuarta, que condice muy bien con la casi divina modestia de Pierre Menard: su hábito resignado o irónico de propagar ideas que eran el estricto reverso de las preferidas por él. (Rememoremos otra vez su diatriba contra Paul Valéry en la efímera hoja superrealista de Jacques Reboul.) El texto de Cervantes y el de Menard son verbalmente idénticos, pero el segundo es casi infinitamente más rico. (Más ambiguo, dirán sus detractores; pero la ambigüedad es una riqueza.)

Es una revelación cotejar el don Quijote de Menard con el de Cervantes. Éste, por ejemplo, escribió (Don Quijote, primera parte, noveno capítulo):

---

[31] **falla**—renders judgment on.

[32] **pleito**—lawsuit, litigation.

[33] **reincida**—relapses.

[34] **perspicazmente**—perspicaciously, clear-sighted.

(. . .) la verdad, cuya madre es la historia, émula del tiempo, depósito de las acciones, testigo de lo pasado, ejemplo y aviso de lo presente, advertencia de lo por venir.

Redactada en el siglo diecisiete, redactada por «ingenio lego» Cervantes, esa enumeración es un mero elogio retórico de la historia. Menard, en cambio, escribe:

(. . .) la verdad, cuya madre es la historia, émula del tiempo, depósito de las acciones, testigo de lo pasado, ejemplo y aviso de lo presente, advertencia de lo por venir.

La historia, *madre* de la verdad; la idea es asombrosa. Menard, contemporáneo de William James, no define la historia como una indagación de la realidad sino como su origen. La verdad histórica, para él, no es lo que sucedió; es lo que juzgamos que sucedió. Las cláusulas finales —*ejemplo y aviso de lo presente, advertencia de lo por venir*— son **descaradamente**[35] pragmáticas.

También es vívido el contraste de los estilos. El estilo arcaizante de Menard —extranjero al fin— **adolece**[36] de alguna afectación. No así el del precursor, que maneja con desenfado el español corriente de su época.

No hay ejercicio intelectual que no sea finalmente inútil. Una doctrina filosófica es al principio una descripción verosímil del universo; giran los años y es un mero capítulo —cuando no un párrafo o un nombre— de la historia de la filosofía. En la literatura, esa **caducidad**[37] es aún más notoria. El Quijote —me dijo Menard— fue ante todo un libro agradable; ahora es una ocasión de **brindis**[38] patriótico, de soberbia gramatical, de obscenas ediciones de **lujo**.[39] La gloria es una incomprensión y quizá la peor.

---

[35] **descaradamente**—shamelessly.

[36] **adolece**—suffers from.

[37] **caducidad**—transitoriness; quality of being short-lived or temporary.

[38] **brindis**—toast.

[39] **lujo**—luxury.

Nada tienen de nuevo esas comprobaciones nihilistas; lo singular es la decisión que de ellas derivó Pierre Menard. Resolvió adelantarse a la vanidad que aguarda todas las fatigas del hombre; acometió una empresa complejísima y de antemano fútil. Dedicó sus escrúpulos y vigilias a repetir en un idioma ajeno un libro preexistente. Multiplicó los borradores; corrigió tenazmente y **desgarró**[40] miles de páginas manuscritas.[*] No permitió que fueran examinadas por nadie y cuidó que no le sobrevivieran. En vano he procurado reconstruirlas.

He reflexionado que es lícito ver en el Quijote «final» una especie de palimpsesto,[41] en el que deben traslucirse los rastros —tenues pero no indescifrables— de la «previa» escritura de nuestro amigo. Desgraciadamente, sólo un segundo Pierre Menard, invirtiendo el trabajo del anterior, podría exhumar y resucitar esas Troyas. . .

«Pensar, analizar, inventar (me escribió también) no son actos anómalos, son la normal respiración de la inteligencia. Glorificar el ocasional cumplimiento de esa función, atesorar antiguos y ajenos pensamientos, recordar con incrédulo estupor que el *doctor universalis* pensó, es confesar nuestra languidez o nuestra barbarie. Todo hombre debe ser capaz de todas las ideas y entiendo que en el porvenir lo será.»

Menard (acaso sin quererlo) ha enriquecido mediante una técnica nueva el arte detenido y rudimentario de la lectura: la técnica del anacronismo deliberado y de las atribuciones erróneas. Esa técnica de aplicación infinita nos **insta**[42] a recorrer la Odisea como si fuera posterior a

---

[*] Recuerdo sus cuadernos cuadriculados, sus negras tachaduras, sus peculiares símbolos tipográficos y su letra de insecto. En los atardeceres le gustaba salir a caminar por los arrabales de Nîmes; solía llevar consigo un cuaderno y hacer una alegre fogata.

[40] **desgarró**—tore, ripped.

[41] palimpsesto—palimpsest; a writing material, such as parchment or a tablet, written on more than once, with the earlier writing incompletely erased.

[42] **insta**—urges or insists.

la Eneida y el libro *Le jardin du Centaure* de Madame Henri Bachelier como si fuera de Madame Henri Bachelier. Esa técnica puebla de aventura los libros más calmosos. Atribuir a Louis Ferdinand Céline o a James Joyce la *Imitación de Cristo* ¿no es una suficiente renovación de esos tenues avisos espirituales?

Nîmes, 1939

PREGUNTAS

1. ¿Crees que este texto parece más un ensayo o un cuento? ¿Por qué?

2. ¿Crees que la época en la que se escribió una novela y las distintas épocas en las que se lee pueden atribuirle distintos valores y significados? Explica. ¿Qué opina Borges? ¿Cómo lo sabes?

3. Un texto literario se presta a distintas interpretaciones. ¿Estás de acuerdo? Ejemplifica tu respuesta con algún pasaje del texto.

Funes el memorioso

En este cuento, que se encuentra entre los más famosos y elogiados de la obra de Borges, se estudia la naturaleza de la memoria. El protagonista, Ireneo Funes, posee una memoria prodigiosa que le hace prisionero de sus propias percepciones. Sus infinitos recuerdos le impiden razonar, pues el olvido, para Borges, es una condición imprescindible del pensamiento. "Funes el memorioso" plantea el problema de la representación realista del mundo, imposible dentro de las teorías literarias del autor argentino.

Lo recuerdo (yo no tengo derecho a pronunciar ese verbo sagrado, sólo un hombre en la tierra tuvo derecho y ese hombre ha muerto) con una oscura **pasionaria**[1] en la mano, viéndola como nadie la ha visto, aunque la mirara desde el crepúsculo del día hasta el de la noche, toda una vida entera. Lo recuerdo, la cara taciturna y aindiada[2] y singularmente remota, detrás del cigarrillo. Recuerdo (creo) sus manos afiladas de trenzador.

---

[1] **pasionaria**—passionflower.

[2] aindiada—Indian-like, Indian.

Recuerdo cerca de esas manos un mate[3] con las armas de la Banda Oriental; recuerdo en la ventana de la casa una **estera**[4] amarilla, con un vago paisaje lacustre. Recuerdo claramente su voz; la voz pausada, resentida y nasal del orillero antiguo, sin los silbidos italianos de ahora. Más de tres veces no lo vi; la última, en 1887... Me parece muy feliz el proyecto de que todos aquellos que lo trataron escriban sobre él; mi testimonio será acaso el más breve y sin duda el más pobre, pero no el menos imparcial del volumen que editarán ustedes. Mi deplorable condición de argentino me impedirá incurrir en el ditirambo —género obligatorio en el Uruguay—, cuando el tema es un uruguayo. Literato, cajetilla,[5] porteño; Funes no dijo esas injuriosas palabras, pero de un modo suficiente me consta que yo representaba para él esas desventuras. Pedro Leandro Ipuche ha escrito que Funes era un precursor de los superhombres, «un Zarathustra cimarrón y vernáculo»; no lo discuto, pero no hay que olvidar que era también un compadrito de Fray Bentos, con ciertas incurables limitaciones.

Mi primer recuerdo de Funes es muy perspicuo. Lo veo en un atardecer de marzo o febrero del año ochenta y cuatro. Mi padre, ese año, me había llevado a veranear a Fray Bentos. Yo volvía con mi primo Bernardo Haedo de la estancia de San Francisco. Volvíamos cantando, a caballo, y ésa no era la única circunstancia de mi felicidad. Después de un día **bochornoso**,[6] una enorme tormenta color pizarra había escondido el cielo. La alentaba el viento del Sur, ya se enloquecían los árboles; yo tenía el temor (la esperanza) de que nos sorprendiera en un descampado el agua elemental. Corrimos una especie de carrera con la tormenta. Entramos en un

---

[3] mate—an infusion of the herb *mate*, traditionally drunk by gauchos. Here, the container from which the infusion is drunk.

[4] **estera**—mat.

[5] cajetilla—dandy.

[6] **bochornoso**—sultry.

callejón[7] que se ahondaba entre dos **veredas**[8] altísimas de ladrillo. Había oscurecido de golpe; oí rápidos y casi secretos pasos en lo alto; alcé los ojos y vi un muchacho que corría por la estrecha y rota vereda como por una estrecha y rota pared. Recuerdo la bombacha, las alpargatas, recuerdo el cigarrillo en el duro rostro, contra el nubarrón ya sin límites. Bernardo le gritó imprevisiblemente: ¿Qué horas son, Ireneo? Sin consultar el cielo, sin detenerse, el otro respondió: Faltan cuatro minutos para las ocho, joven Bernardo Juan Francisco. La voz era **aguda**,[9] burlona.

Yo soy tan distraído que el diálogo que acabo de referir no me hubiera llamado la atención si no lo hubiera **recalcado**[10] mi primo, a quien estimulaban (creo) cierto orgullo local, y el deseo de mostrarse indiferente a la réplica tripartita del otro.

Me dijo que el muchacho del callejón era un tal Ireneo Funes, mentado por algunas rarezas como la de no darse con nadie y la de saber siempre la hora, como un reloj. Agregó que era hijo de una planchadora del pueblo, María Clementina Funes, y que algunos decían que su padre era un médico del **saladero**,[11] un inglés O'Connor, y otros un domador o rastreador del departamento del Salto. Vivía con su madre, a la vuelta de la quinta de los Laureles.

Los años ochenta y cinco y ochenta y seis veraneamos en la ciudad de Montevideo. El ochenta y siete volví a Fray Bentos. Pregunté, como es natural, por todos los conocidos y, finalmente, por el «cronométrico Funes». Me contestaron que lo había volteado un redomón[12] en la estancia de San Francisco, y que había

---

[7] **callejón**—alley.

[8] **veredas**—paths, trails.

[9] **aguda**—high-pitched.

[10] **recalcado**—emphasized, stressed.

[11] **saladero**—salting factory.

[12] redomón—horse not fully tamed.

quedado **tullido**,[13] sin esperanza. Recuerdo la impresión de incómoda magia que la noticia me produjo: la única vez que yo lo vi, veníamos a caballo de San Francisco y él andaba en un lugar alto; el hecho, en boca de mi primo Bernardo, tenía mucho de sueño elaborado con elementos anteriores. Me dijeron que no se movía del catre, puestos los ojos en la **higuera**[14] del fondo o en una **telaraña**.[15] En los atardeceres, permitía que lo sacaran a la ventana. Llevaba la soberbia hasta el punto de simular que era benéfico el golpe que lo había fulminado... Dos veces lo vi atrás de la **reja**,[16] que burdamente recalcaba su condición de eterno prisionero: una, inmóvil, con los ojos cerrados; otra, inmóvil también, absorto en la contemplación de un oloroso **gajo**[17] de santonina.[18]

No sin alguna vanagloria yo había iniciado en aquel tiempo el estudio metódico del latín. Mi **valija**[19] incluía el *De viris illustribus* de Lhomond, el *Thesaurus* de Quicherat, los comentarios de Julio César y un volumen impar de la *Naturalis historia* de Plinio, que excedía (y sigue excediendo) mis módicas virtudes de latinista. Todo se propala en un pueblo chico; Ireneo, en su rancho de las orillas, no tardó en enterarse del arribo de esos libros anómalos. Me dirigió una carta florida y ceremoniosa, en la que recordaba nuestro encuentro, desdichadamente fugaz, «del día siete de febrero del año ochenta y cuatro», ponderaba los gloriosos servicios que don Gregorio Haedo, mi tío, **finado**[20] ese mismo año, «había prestado a las dos patrias en la valerosa jornada de Ituzaingó» y me solicitaba el préstamo de cualquiera de los volúmenes, acompañado de un

---

[13] **tullido**—crippled, disabled.

[14] **higuera**—fig tree.

[15] **telaraña**—spider's web.

[16] **reja**—grille, bars.

[17] **gajo**—branch.

[18] santonina—santonica; a Eurasian plant.

[19] **valija**—suitcase.

[20] **finado**—deceased.

diccionario «para la buena inteligencia del texto original, porque todavía ignoro el latín». Prometía devolverlos en buen estado, casi inmediatamente. La letra era perfecta, muy perfilada; la ortografía, del tipo que Andrés Bello preconizó: *i* por *y*, *j* por *g*. Al principio, temí naturalmente una **broma**.[21] Mis primos me aseguraron que no, que eran cosas de Ireneo. No supe si atribuir a descaro, a ignorancia o a estupidez la idea de que el arduo latín no requería más instrumento que un diccionario; para desengañarlo con plenitud le mandé el *Gradus ad Parnassum*, de Quicherat, y la obra de Plinio.

El catorce de febrero me telegrafiaron de Buenos Aires que volviera inmediatamente, porque mi padre no estaba «nada bien». Dios me perdone; el prestigio de ser el destinatario de un telegrama urgente, el deseo de comunicar a todo Fray Bentos la contradicción entre la forma negativa de la noticia y el perentorio adverbio, la tentación de dramatizar mi dolor, **fingiendo**[22] un viril estoicismo, tal vez me **distrajeron**[23] de toda posibilidad de dolor. Al hacer la valija, noté que me faltaba el *Gradus* y el primer tomo de la *Naturalis historia*. El *Saturno* zarpaba al día siguiente por la mañana; esa noche, después de cenar, me encaminé a casa de Funes. Me asombró que la noche fuera no menos pesada que el día.

En el decente rancho, la madre de Funes me recibió.

Me dijo que Ireneo estaba en la pieza del fondo y que no me extrañara encontrarla a oscuras, porque Ireneo sabía pasarse las horas muertas sin encender la vela. Atravesé el patio de baldosa, el corredorcito; llegué al segundo patio. Había una **parra**;[24] la oscuridad pudo parecerme total. Oí de pronto la alta y burlona voz de Ireneo. Esa voz hablaba en latín; esa voz (que venía de

---

[21] **broma**—trick, joke.
[22] **fingiendo**—pretending.
[23] **distrajeron**—distracted.
[24] **parra**—grapevine.

la **tiniebla**)[25] articulaba con moroso deleite un discurso o plegaria o incantación. Resonaron las sílabas romanas en el patio de tierra; mi temor las creía indescifrables, interminables; después, en el enorme diálogo de esa noche, supe que formaban el primer párrafo del vigesimocuarto capítulo del libro séptimo de la *Naturalis historia*. La materia de ese capítulo es la memoria; las palabras últimas fueron *ut nihil non iisdem verbis redderetur auditum*.

Sin el menor cambio de voz, Ireneo me dijo que pasara. Estaba en el catre, fumando. Me parece que no le vi la cara hasta el alba; creo rememorar el ascua momentánea del cigarrillo. La pieza olía vagamente a humedad. Me senté; repetí la historia del telegrama y de la enfermedad de mi padre.

Arribo, ahora, al más difícil punto de mi relato. Éste (bueno es que ya lo sepa el lector) no tiene otro argumento que ese diálogo de hace ya medio siglo. No trataré de reproducir sus palabras, irrecuperables ahora. Prefiero resumir con **veracidad**[26] las muchas cosas que me dijo Ireneo. El estilo indirecto es remoto y débil; yo sé que sacrifico la eficacia de mi relato; que mis lectores se imaginen los entrecortados períodos que **me abrumaron**[27] esa noche.

Ireneo empezó por enumerar, en latín y español, los casos de memoria prodigiosa registrados por la *Naturalis historia*: Ciro, rey de los persas que sabía llamar por su nombre a todos los soldados de sus ejércitos; Mitrídates Eupator, que administraba la justicia en los 22 idiomas de su imperio; Simónides, inventor de la mnemotecnia;[28] Metrodoro, que profesaba el arte de repetir con fidelidad lo escuchado una sola vez. Con evidente buena fe se maravilló de que tales casos

---

[25] **tiniebla**—darkness.

[26] **veracidad**—truthfulness, veracity.

[27] **me abrumaron**—overwhelmed me.

[28] mnemotecnia—technique used to improve the memory.

maravillaran. Me dijo que antes de esa tarde lluviosa en que lo volteó el azulejo,[29] él había sido lo que son todos, los cristianos: un ciego, un sordo, un abombado, un desmemoriado. (Traté de recordarle su percepción exacta del tiempo, su memoria de nombres propios; no me hizo caso.) Diez y nueve años había vivido como quien sueña: miraba sin ver, oía sin oír, se olvidaba de todo, de casi todo. Al caer, perdió el conocimiento; cuando lo recobró, el presente era casi intolerable de tan rico y tan **nítido**,[30] y también las memorias más antiguas y más triviales. Poco después averiguó que estaba tullido. El hecho apenas le interesó. Razonó (sintió) que la inmovilidad era un precio mínimo. Ahora su percepción y su memoria eran infalibles.

Nosotros, de un vistazo, percibimos tres copas en una mesa; Funes, todos los vástagos[31] y racimos[32] y frutos que comprende una parra. Sabía las formas de las nubes australes del amanecer del treinta de abril de mil ochocientos ochenta y dos y podía compararlas en el recuerdo con las vetas de un libro en pasta española que sólo había mirado una vez y con las líneas de la espuma que un remo levantó en el Río Negro la víspera de la acción del Quebracho. Esos recuerdos no eran simples; cada imagen visual estaba **ligada**[33] a sensaciones musculares, térmicas, etc. Podía reconstruir todos los sueños, todos los entresueños. Dos o tres veces había reconstruido un día entero; no había dudado nunca, pero cada reconstrucción había requerido un día entero. Me dijo: *Más recuerdos tengo yo solo que los que habrán tenido todos los hombres desde que el mundo es mundo*. Y también: *Mis sueños son como la vigilia de ustedes*. Y también, hacia el alba: *Mi memoria, señor, es como vaciadero*

[29] azulejo—bluish-white horse.
[30] **nítido**—clear.
[31] vástagos—plant shoots.
[32] racimos—clusters.
[33] **ligada**—bound, tied.

de basuras. Una circunferencia en un pizarrón, un triángulo rectángulo, un rombo, son formas que podemos intuir plenamente; lo mismo le pasaba a Ireneo con las **aborrascadas**[34] crines de un potro, con una punta de **ganado**[35] en una cuchilla, con el fuego cambiante y con la innumerable ceniza, con las muchas caras de un muerto en un largo **velorio**.[36] No sé cuántas estrellas veía en el cielo.

Esas cosas me dijo; ni entonces ni despés las he puesto en duda. En aquel tiempo no había cinematógrafos ni fonógrafos; es, sin embargo, inverosímil y hasta increíble que nadie hiciera un experimento con Funes. Lo cierto es que vivimos **postergando**[37] todo lo postergable; tal vez todos sabemos profundamente que somos inmortales y que tarde o temprano, todo hombre hará todas las cosas y sabrá todo.

La voz de Funes, desde la oscuridad, seguía hablando.

Me dijo que hacia 1886 había discurrido un sistema original de numeración y que en muy pocos días había rebasado el veinticuatro mil. No lo había escrito, porque lo pensado una sola vez ya no podía borrársele. Su primer estímulo, creo, fue el desagrado de que los treinta y tres orientales requirieran dos signos y tres palabras, en lugar de una sola palabra y un solo signo. Aplicó luego ese disparatado principio a los otros números. En lugar de siete mil trece, decía (por ejemplo) *Máximo Pérez*; en lugar de siete mil catorce, *El Ferrocarril*, otros números eran *Luis Melian Lafinur, Olimar, azufre, los bastos, la ballena, el gas, la caldera, Napoleón, Agustín de Vedía*. En lugar de quinientos, decía *nueve*. Cada palabra tenía un signo particular, una especie de marca; las últimas eran muy complicadas. . . Yo traté de explicarle que esa

---

[34] **aborrascadas**—stormy.

[35] **ganado**—cattle.

[36] **velorio**—vigil.

[37] **postergando**—postponing.

rapsodia de voces inconexas era precisamente lo contrario de un sistema de numeración. Le dije que decir 365 era decir tres centenas, seis decenas, cinco unidades; análisis que no existe en los «números» *El Negro Timateo* o *manta de carne*. Funes no me entendió o no quiso entenderme.

Locke, en el siglo XVII, postuló (y reprobó) un idioma imposible en el que cada cosa individual, cada piedra, cada pájaro y cada rama tuviera un nombre propio; Funes proyectó alguna vez un idioma análogo, pero lo desechó por parecerle demasiado general, demasiado ambiguo. En efecto, Funes no sólo recordaba cada hoja de cada árbol, de cada monte, sino cada una de las veces que la había percibido o imaginado. Resolvió reducir cada una de sus jornadas pretéritas, a unos setenta mil recuerdos, que definiría luego por **cifras**.[38] Lo disuadieron dos consideraciones: la conciencia de que la tarea era interminable, la conciencia de que era inútil. Pensó que en la hora de la muerte no habría acabado aún de clasificar todos los recuerdos de la niñez.

Los dos proyectos que he indicado (un vocabulario infinito para la serie natural de los números, un inútil catálogo mental de todas las imágenes del recuerdo) son insensatos, pero revelan cierta **balbuciente**[39] grandeza. Nos dejan vislumbrar o inferir el vertiginoso mundo de Funes. Éste, no lo olvidemos, era casi incapaz de ideas generales, platónicas. No sólo le costaba comprender que el símbolo genérico *perro* abarcara tantos individuos dispares de diversos tamaños y diversa forma; le molestaba que el perro de las tres y catorce (visto de perfil) tuviera el mismo nombre que el perro de las tres y cuarto (visto de frente). Su propia cara en el espejo, sus

---

[38] **cifras**—figures.
[39] **balbuciente**—babbling.

propias manos, lo sorprendían cada vez. Refiere Swift que el emperador de Lilliput[40] **discernía**[41] el movimiento del minutero; Funes discernía continuamente los tranquilos avances de la corrupción, de las caries, de la fatiga. Notaba los progresos de la muerte, de la humedad. Era el solitario y lúcido espectador de un mundo multiforme, instantáneo y casi intolerablemente preciso. Babilonia, Londres y Nueva York han abrumado con feroz esplendor la imaginación de los hombres; nadie, en sus torres populosas o en sus avenidas urgentes, ha sentido el calor y la presión de una realidad tan infatigable como la que día y noche convergía sobre el infeliz Ireneo, en su pobre arrabal sudamericano. Le era muy difícil dormir. Dormir es distraerse del mundo; Funes, de espaldas en el catre, en la sombra, se figuraba cada grieta y cada moldura de las casas precisas que lo rodeaban. (Repito que el menos importante de sus recuerdos era más minucioso y más vivo que nuestra percepción de un goce físico o de un tormento físico.) Hacia el Este, en un **trecho**[42] no **amanzanado**,[43] había casas nuevas, desconocidas. Funes las imaginaba negras, compactas, hechas de tiniebla homogénea; en esa dirección volvía la cara para dormir. También solía imaginarse en el fondo del río, **mecido**[44] y anulado por la corriente.

Había aprendido sin esfuerzo el inglés, el francés, el portugués, el latín. Sospecho sin embargo que no era muy capaz de pensar. Pensar es olvidar diferencias, es generalizar, abstraer. En el abarrotado mundo de Funes no había sino detalles, casi inmediatos.

La **recelosa**[45] claridad de la madrugada entró por el patio de tierra.

---

[40] Refiere. . . Lilliput—a reference to writer Jonathan Swift (1667–1745) and his famous satirical novel, *Gulliver's Travels*.

[41] **discernía**—discerned, perceived or recognized.

[42] **trecho**—space, distance.

[43] **amanzanado**—divided into blocks.

[44] **mecido**—rocked.

[45] **recelosa**—suspicious.

Entonces vi la cara de la voz que toda la noche había hablado. Ireneo tenía diecinueve años; había nacido en 1868; me pareció monumental; como el bronce, más antiguo que Egipto, anterior a las profecías y a las pirámides. Pensé que cada una de mis palabras (que cada uno de mis gestos) perduraría en su implacable memoria; me entorpeció el temor de multiplicar ademanes inútiles.

Ireneo Funes murió en 1889, de una congestión pulmonar.

PREGUNTAS

1. ¿Crees que el narrador valora positivamente la memoria extraordinaria de Ireneo Funes? Cita ejemplos del texto.

2. El protagonista había discurrido un sistema original de numeración. ¿Consideras que era un buen sistema? Comenta tu respuesta.

3. El narrador del cuento sostiene que: "Pensar es olvidar diferencias, es generalizar, abstraer." ¿Estás de acuerdo? Razona tu respuesta.

El milagro secreto

En este cuento Borges ofrece un tributo a uno de sus escritores favoritos: Franz Kafka. También, Borges vuelve a escribir sobre uno de los temas que más le fascinan, el pueblo judío. El protagonista es un escritor insatisfecho artística y existencialmente que le pide a Dios un milagro en el momento de ser arrestado por los nazis. Aunque Dios se lo concede, el milagro tiene que ser un secreto. Los temas de Dios, el tiempo y los sueños, tan importantes para Borges, aparecen desarrollados aquí.

> **Y Dios lo hizo morir durante cien**
> **años y luego lo animó y le dijo:**
> **—¿Cuánto tiempo has estado aquí?**
> **—Un día o parte de un día —respondió.**
>
> Alcorán, II, 261

La noche del catorce de marzo de 1939, en un departamento de la Zeltnergasse de Praga, Jaromir Hladík, autor de la inconclusa tragedia *Los enemigos*, de una *Vindicación de la eternidad* y de un examen de las indirectas fuentes judías de Jakob Boehme, soñó con un largo ajedrez. No lo disputaban dos individuos sino dos familias ilustres; la partida había sido entablada hace muchos siglos; nadie era capaz de nombrar el olvidado premio, pero se murmuraba que era enorme y quizá infinito; las piezas y el tablero estaban en una torre secreta; Jaromir (en el sueño) era el **primogénito**[1] de una de las familias hostiles; en los relojes resonaba la hora de la impostergable jugada; el soñador corría por las arenas de un desierto lluvioso y no lograba recordar las figuras ni las leyes del ajedrez. En ese punto, se despertó. Cesaron los **estruendos**[2] de la lluvia y de los terribles relojes. Un ruido acompasado y unánime, cortado por algunas voces de mando, subía de la Zeltnergasse. Era el amanecer; las blindadas[3] vanguardias del Tercer Reich entraban en Praga.

El diecinueve, las autoridades recibieron una denuncia; el mismo diecinueve, al atardecer, Jaromir Hladík fue arrestado. Lo condujeron a un cuartel aséptico[4] y blanco, en la ribera opuesta del Moldau. No pudo levantar uno solo de los **cargos**[5] de la Gestapo: su apellido materno era Jaroslavski, su sangre era judía, su estudio sobre Boehme era judaizante, su **firma**[6] dilataba el censo final de una protesta contra el Anschluss. En 1928 había traducido el *Sepher Yezirah* para la editorial Hermann Barsdorf; el efusivo catálogo de esa casa había exagerado comercialmente el renombre del traductor; ese catálogo fue hojeado por Julius Rothe, uno de los jefes en cuyas manos estaba la suerte de Hladík. No hay hombre que, fuera de su especialidad, no sea crédulo: dos o tres adjetivos en letra gótica bastaron para que Julius Rothe admitiera la preeminencia de Hladík y dispusiera que lo condenaran a muerte, *pour encourager*

---

[1] **primogénito**—first-born.

[2] **estruendos**—thunderous noises.

[3] blindadas—armor-plated.

[4] aséptico—aseptic; free from germs that cause infection.

[5] **cargos**—charges.

[6] **firma**—signature.

les autres. Se fijó el día veintinueve de marzo, a las nueve a.m. Esa demora (cuya importancia apreciará después el lector) se debía al deseo administrativo de obrar impersonal y pausadamente, como los vegetales y los planetas.

El primer sentimiento de Hladík fue de mero terror. Pensó que no lo hubieran arredrado la horca,[7] la decapitación o el **degüello**,[8] pero que morir **fusilado**[9] era intolerable. En vano se redijo que el acto puro y general de morir era lo temible, no las circunstancias concretas. No se cansaba de imaginar esas circunstancias: absurdamente procuraba agotar todas las variaciones. Anticipaba infinitamente el proceso, desde el insomne amanecer hasta la misteriosa descarga. Antes del día prefijado por Julius Rothe, murió centenares de muertes, en patios cuyas formas y cuyos ángulos fatigaban la geometría, ametrallado por soldados variables, en número cambiante, que a veces lo ultimaban desde lejos; otras, desde muy cerca. Afrontaba con verdadero temor (quizá con verdadero **coraje**)[10] esas ejecuciones imaginarias; cada simulacro duraba unos pocos segundos; cerrado el círculo, Jaromir interminablemente volvía a las trémulas vísperas de su muerte. Luego reflexionó que la realidad no suele coincidir con las previsiones; con lógica perversa infirió que prever un detalle circunstancial es impedir que éste suceda. Fiel a esa débil magia, inventaba, para que no sucedieran, rasgos atroces; naturalmente, acabó por temer que esos rasgos fueran proféticos. Miserable en la noche, procuraba afirmarse de algún modo en la sustancia fugitiva del tiempo. Sabía que éste se precipitaba hacia el alba del día veintinueve; razonaba en voz alta: *Ahora estoy en la noche del veintidós; mientras dure esta noche*

---

[7] horca—gallows; a wooden frame used to execute criminals by hanging.

[8] **degüello**—cutting of the throat or neck.

[9] **fusilado**—shot.

[10] **coraje**—courage.

(y seis noches más) soy invulnerable, inmortal. Pensaba que las noches de sueño eran piletas hondas y oscuras en las que podía sumergirse. A veces anhelaba con impaciencia la definitiva descarga, que lo redimiría, mal o bien, de su vana tarea de imaginar. El veintiocho, cuando el último ocaso reverberaba en los altos **barrotes**,[11] lo desvió de esas consideraciones abyectas la imagen de su drama *Los enemigos.*

Hladík había **rebasado**[12] los cuarenta años. Fuera de algunas amistades y de muchas costumbres, el problemático ejercicio de la literatura constituía su vida; como todo escritor, medía las virtudes de los otros por lo ejecutado por ellos y pedía que los otros lo midieran por lo que vislumbraba o planeaba. Todos los libros que había dado a la estampa le infundían un complejo arrepentimiento. En sus exámenes de la obra de Boehme, de Abnesra y de Flood, había intervenido esencialmente la mera aplicación; en su traducción del *Sepher Yezirah,* la negligencia, la fatiga y la conjetura. Juzgaba menos deficiente, tal vez, la *Vindicación de la eternidad*: el primer volumen historia las diversas eternidades que han ideado los hombres, desde el inmóvil Ser de Parménides hasta el pasado modificable de Hinton; el segundo niega (con Francis Bradley) que todos los hechos del universo integran una serie temporal. Arguye que no es infinita la cifra de las posibles experiencias del hombre y que basta una sola «repetición» para demostrar que el tiempo es una falacia. . . Desdichadamente, no son menos falaces los argumentos que demuestran esa falacia; Hladík solía recorrerlos con cierta desdeñosa perplejidad. También había redactado una serie de poemas expresionistas; éstos, para confusión del poeta, figuraron en una antología de 1924 y no hubo antología posterior que no

---

[11] **barrotes**—iron bars.
[12] **rebasado**—surpassed.

los heredara. De todo ese pasado equívoco y lánguido quería redimirse Hladík con el drama en verso *Los enemigos*. (Hladík preconizaba el verso, porque impide que los espectadores olviden la irrealidad, que es condición del arte.)

Este drama observaba las unidades de tiempo, de lugar y de acción;[13] transcurría en Hradcany, en la biblioteca del barón de Roemerstadt, en una de las últimas tardes del siglo diecinueve. En la primera escena del primer acto, un desconocido visita a Roemerstadt. (Un reloj da las siete, una **vehemencia**[14] de último sol exalta los cristales, el aire trae una apasionada y reconocible música húngara.) A esta visita siguen otras; Roemerstadt no conoce las personas que lo importunan, pero tiene la incómoda impresión de haberlos visto ya, tal vez en un sueño. Todos exageradamente lo **halagan**,[15] pero es notorio —primero para los espectadores del drama, luego para el mismo barón— que son enemigos secretos, conjurados para perderlo. Roemerstadt logra detener o burlar sus complejas intrigas; en el diálogo, aluden a su novia, Julia de Weidenau, y a un tal Jaroslav Kubin, que alguna vez la importunó con su amor. Éste, ahora, se ha enloquecido y cree ser Roemerstadt... Los peligros **arrecian**;[16] Roemerstadt, al cabo del segundo acto, se ve en la obligación de matar a un conspirador. Empieza el tercer acto, el último. Crecen gradualmente las incoherencias: vuelven actores que parecían descartados ya de la trama; vuelve, por un instante, el hombre matado por Roemerstadt. Alguien hace notar que no ha atardecido: el reloj da las siete, en los altos cristales reverbera el sol occidental, el aire trae una apasionada música húngara. Aparece el primer

---

[13] unidades de tiempo, de lugar y de acción—the unities of theater, which stated that a work of drama should have one main action, should occur within one day, and should take place in only one locale.

[14] **vehemencia**—vehemence, strength.

[15] **halagan**—they flatter.

[16] **arrecian**—grow worse, get more severe.

interlocutor y repite las palabras que pronunció en la primera escena del primer acto. Roemerstadt le habla sin asombro; el espectador entiende que Roemerstadt es el miserable Jaroslav Kubin. El drama no ha ocurrido: es el delirio circular que interminablemente vive y revive Kubin.

Nunca se había preguntado Hladík si esa tragicomedia de errores era baladí o admirable, rigurosa o casual. En el argumento que he **bosquejado**[17] intuía la invención más apta para disimular sus defectos y para ejercitar sus felicidades, la posibilidad de **rescatar**[18] (de manera simbólica) lo fundamental de su vida. Había terminado ya el primer acto y alguna escena del tercero; el carácter métrico de la obra le permitía examinarla continuamente, rectificando los hexámetros, sin el manuscrito a la vista. Pensó que aún le faltaban dos actos y que muy pronto iba a morir. Habló con Dios en la oscuridad. *Si de algún modo existo, si no soy una de tus repeticiones y erratas, existo como autor de* Los enemigos. *Para llevar a término ese drama, que puede justificarme y justificarte, requiero un año más. Otórgame esos días, Tú de quien son los siglos y el tiempo.* Era la última noche, la más atroz, pero diez minutos después el sueño lo anegó como un agua oscura.

Hacia el alba, soñó que se había ocultado en una de las naves de la biblioteca del Clementinum. Un bibliotecario de gafas negras le preguntó *¿Qué busca?* Hladík le replicó: *Busco a Dios.* El bibliotecario le dijo: *Dios está en una de las letras de una de las páginas de uno de los cuatrocientos mil tomos del Clementinum. Mis padres y los padres de mis padres han buscado esa letra; yo me he quedado ciego buscándola.* Se quitó las gafas y Hladík vio los ojos, que estaban muertos. Un lector entró a devolver un atlas. *Este atlas es inútil,* dijo, y se lo dio a

---

[17] **bosquejado**—sketched, outlined, delineated.
[18] **rescatar**—to rescue, save.

Hladík. Éste lo abrió al azar. Vio un mapa de la India, **vertiginoso**.[19] Bruscamente seguro, tocó una de las mínimas letras. Una voz **ubicua**[20] le dijo: *El tiempo de tu labor ha sido **otorgado**.*[21] Aquí Hladík se despertó.

Recordó que los sueños de los hombres pertenecen a Dios y que Maimónides ha escrito que son divinas las palabras de un sueño, cuando son distintas y claras y no se puede ver quién las dijo. Se vistió; dos soldados entraron en la celda y le ordenaron que los siguiera.

Del otro lado de la puerta, Hladík había previsto un laberinto de galerías, escaleras y pabellones. La realidad fue menos rica: bajaron a un traspatio por una sola escalera de fierro. Varios soldados —alguno de uniforme desabrochado— revisaban una motocicleta y la discutían. El sargento miró el reloj: eran las ocho y cuarenta y cuatro minutos. Había que esperar que dieran las nueve. Hladík, más insignificante que desdichado, se sentó en un montón de leña. Advirtió que los ojos de los soldados rehuían los suyos. Para aliviar la espera, el sargento le entregó un cigarrillo. Hladík no fumaba; lo aceptó por cortesía o por humildad. Al encenderlo, vio que le temblaban las manos. El día se nubló; los soldados hablaban en voz baja como si él ya estuviera muerto. Vanamente, procuró recordar a la mujer cuyo símbolo era Julia de Weidenau...

El **piquete**[22] se formó, se cuadró. Hladík, de pie contra la pared del cuartel, esperó la descarga. Alguien temió que la pared quedara **maculada**[23] de sangre; entonces le ordenaron al reo que avanzara unos pasos. Hladík, absurdamente, recordó las vacilaciones preliminares de los fotógrafos. Una pesada gota de lluvia rozó una de las sienes de Hladík y rodó lentamente por su mejilla; el sargento vociferó la orden final.

---

[19] **vertiginoso**—vertiginous, dizzy.

[20] **ubicua**—ubiquitous; seeming to be everywhere at the same time.

[21] *otorgado*—awarded, granted.

[22] piquete—picket; small group of soldiers picked to carry out specific orders.

[23] **maculada**—stained, blemished, sullied.

El universo físico se detuvo.

Las armas convergían sobre Hladík, pero los hombres que iban a matarlo estaban inmóviles. El brazo del sargento eternizaba un **ademán**[24] inconcluso. En una baldosa del patio una **abeja**[25] proyectaba una sombra fija. El viento había cesado, como en un cuadro. Hladík ensayó un grito, una sílaba, la torsión de una mano. Comprendió que estaba paralizado. No le llegaba ni el más tenue rumor del impedido mundo. Pensó *estoy en el infierno, estoy muerto*. Pensó *estoy loco*. Pensó *el tiempo se ha detenido*. Luego reflexionó que en tal caso, también se hubiera detenido su pensamiento. Quiso ponerlo a prueba: repitió (sin mover los labios) la misteriosa cuarta égloga de Virgilio. Imaginó que los ya remotos soldados compartían su angustia; anheló comunicarse con ellos. Le asombró no sentir ninguna fatiga, ni siquiera el vértigo de su larga inmovilidad. Durmió, al cabo de un plazo indeterminado. Al despertar, el mundo seguía inmóvil y sordo. En su mejilla perduraba la gota de agua; en el patio, la sombra de la abeja, el humo del cigarrillo que había tirado no acababa nunca de dispersarse. Otro «día» pasó, antes que Hladík entendiera.

Un año entero había solicitado de Dios para terminar su labor: un año le otorgaba su omnipotencia. Dios operaba para él un milagro secreto: lo mataría el **plomo**[26] germánico, en la hora determinada, pero en su mente un año trascurría entre la orden y la ejecución de la orden. De la perplejidad pasó al estupor, del estupor a la resignación, de la resignación a la súbita gratitud.

No disponía de otro documento que la memoria; el aprendizaje de cada hexámetro que agregaba le impuso un afortunado rigor que no sospechan quienes aventuran y olvidan párrafos interinos y vagos. No trabajó para la

---

[24] **ademán**—a gesture (often to feign an action).

[25] **abeja**—bee.

[26] **plomo**—lead, here, of a bullet.

posteridad ni aun para Dios, de cuyas preferencias literarias poco sabía. Minucioso, inmóvil, secreto, urdió en el tiempo su alto laberinto invisible. Rehizo el tercer acto dos veces. Borró algún símbolo demasiado evidente: las repetidas campanadas, la música. Ninguna circunstancia lo importunaba. Omitió, abrevió, amplificó; en algún caso, optó por la versión primitiva. Llegó a querer el patio, el cuartel; uno de los rostros que lo enfrentaban modificó su concepción del carácter de Roemerstadt. Descubrió que las arduas **cacofonías**[27] que alarmaron tanto a Flaubert son meras supersticiones visuales: debilidades y molestias de la palabra escrita, no de la palabra sonora... Dio término a su drama: no le faltaba ya resolver sino un solo epíteto. Lo encontró; la gota de agua resbaló en su mejilla. Inició un grito enloquecido, movió la cara, la cuádruple descarga lo derribó.

Jaromir Hladík murió el veintinueve de marzo, a las nueve y dos minutos de la mañana.

---

[27] **cacofonías**—cacophonies; jarring, discordant sounds.

PREGUNTAS

1. ¿Quién es Jaromir Hladík? ¿Qué información extraes de él a través de la lectura del cuento?

2. ¿Por qué es arrestado Hladík? ¿Cuál es la pena que se le impone?

3. ¿Por qué se obstina Hladík en imaginar todas las circunstancias posibles de su muerte?

4. ¿Qué elementos básicos caracterizan el drama de Hladík, *Los enemigos*?

5. ¿Por qué el milagro que Dios le concede a Hladík es secreto?

6. ¿Qué significa esta frase: "la irrealidad, que es condición del arte"?

El jardín de senderos que se bifurcan

Este cuento de detectives está ubicado en la Primera Guerra Mundial. De manera algo complicada se desarrolla aquí el tema de los tiempos paralelos y las varias versiones de una aventura.

A Victoria Ocampo

En la página 242 de la *Historia de la Guerra Europea,* de Liddell Hart, se lee que una ofensiva de trece divisiones británicas (apoyadas por mil cuatrocientas piezas de artillería) contra la línea Serre-Montauban había sido planeada para el veinticuatro de julio de 1916 y debió postergarse hasta la mañana del día veintinueve. Las lluvias torrenciales (anota el capitán Liddell Hart) provocaron esa demora —nada significativa, por cierto—. La siguiente declaración, dictada, releída y firmada por el doctor Yu Tsun, antiguo catedrático de inglés en la *Hochschule* de Tsingtao, **arroja**[1] una insospechada luz sobre el caso. Faltan las dos páginas iniciales.

«. . . y colgué el tubo. Inmediatamente después, reconocí la voz que había contestado en alemán.

Era la del capitán Richard Madden. Madden, en el departamento de Viktor Runeberg, quería decir el fin de nuestros **afanes**[2] y —pero eso parecía muy secundario, o *debía parecérmelo*— también nuestras vidas. Quería decir que Runeberg había sido arrestado, o asesinado.[*] Antes que declinara el sol de ese día, yo correría la misma suerte. Madden era implacable. Mejor dicho, estaba obligado a ser implacable. Irlandés a las órdenes de Inglaterra, hombre acusado de **tibieza**[3] y tal vez de **traición**[4] ¿cómo no iba a abrazar y agradecer este milagroso favor: el descubrimiento, la captura, quizá la muerte, de dos agentes del Imperio Alemán? Subí a mi cuarto; absurdamente cerré la puerta con llave y me tiré de espaldas en la estrecha cama de hierro. En la ventana estaban los tejados de siempre y el sol nublado de las seis. Me pareció increíble que ese día sin premoniciones ni símbolos fuera el de mi muerte implacable. A pesar de mi padre muerto, a pesar de haber sido un niño en un simétrico jardín de Hai Feng ¿yo, ahora, iba a morir? Después reflexioné que todas las cosas le suceden a uno precisamente, precisamente ahora. Siglos de siglos y sólo en el presente ocurren los hechos, innumerables hombres en el aire, en la tierra y el mar, y todo lo que realmente pasa me pasa a mí. . . El casi intolerable recuerdo del rostro acaballado de Madden abolió esas

---

[*] Hipótesis odiosa y estrafalaria. El espía prusiano Hans Reabener alias Viktor Runeberg agredió con una pistola automática al portador de la orden de arresto, capitán Richard Madden. Éste, en defensa propia, le causó heridas que determinaron su muerte. (*Nota del Editor.*)

[1] **arroja**—casts, throws.

[2] **afanes**—efforts.

[3] **tibieza**—lukewarmness.

[4] **traición**—treason.

divagaciones. En mitad de mi odio y de mi terror (ahora no me importa hablar de terror: ahora que he burlado a Richard Madden, ahora que mi garganta anhela la cuerda) pensé que ese guerrero tumultuoso y sin duda feliz no sospechaba que yo poseía el Secreto. El nombre del preciso lugar del nuevo parque de artillería británico sobre el Ancre. Un pájaro rayó el cielo gris y ciegamente lo traduje en un aeroplano y a ese aeroplano en muchos (en el cielo francés) aniquilando el parque de artillería con bombas verticales. Si mi boca, antes que la deshiciera un **balazo**,[5] pudiera gritar ese nombre de modo que lo oyeran en Alemania. . . Mi voz humana era muy pobre. ¿Cómo hacerla llegar al oído del Jefe? Al oído de aquel hombre enfermo y odioso, que no sabía de Runeberg y de mí sino que estábamos en Staffordshire y que en vano esperaba noticias nuestras en su árida oficina de Berlín, examinando infinitamente periódicos... Dije en voz alta: *Debo huir*. Me incorporé sin ruido, en una inútil perfección de silencio, como si Madden ya estuviera acechándome. Algo —tal vez la mera ostentación de probar que mis recursos eran nulos— me hizo revisar mis bolsillos. Encontré lo que sabía que iba a encontrar. El reloj norteamericano, la cadena de níquel y la moneda cuadrangular, el llavero con las comprometedoras llaves inútiles del departamento de Runeberg, la libreta, una carta que resolví destruir inmediatamente (y que no destruí), el falso pasaporte, una corona, dos **chelines**[6] y unos **peniques**,[7] el lápiz rojo-azul, el pañuelo, el revólver con una bala. Absurdamente lo empuñé y sopesé para darme valor. Vagamente pensé que un pistoletazo puede oírse muy lejos. En diez minutos mi plan estaba maduro. La guía telefónica me dio el nombre de la única persona capaz

---

[5] **balazo**—shot.
[6] **chelines**—shillings.
[7] **peniques**—pennies.

de transmitir la noticia: vivía en un suburbio de Fenton, a menos de media hora de tren.

Soy un hombre cobarde. Ahora lo digo, ahora que he llevado a término un plan que nadie no calificará de arriesgado. Yo sé que fue terrible su ejecución. No lo hice por Alemania, no. Nada me importa un país bárbaro, que me ha obligado a la abyección de ser un espía. Además, yo sé de un hombre de Inglaterra —un hombre modesto— que para mí no es menos que Goethe.[8] Arriba de una hora no hablé con él, pero durante una hora fue Goethe. . . Lo hice, porque yo sentía que el Jefe temía un poco a los de mi raza —a los innumerables antepasados que **confluyen**[9] en mí. Yo quería probarle que un amarillo podía salvar a sus ejércitos. Ademas, yo debía huir del capitán. Sus manos y su voz podían golpear en cualquier momento a mi puerta. Me vestí sin ruido, me dije adiós en el espejo, bajé, **escudriñé**[10] la calle tranquila y salí. La estación no distaba mucho de casa, pero juzgué preferible tomar un coche. **Argüí**[11] que así corría menos peligro de ser reconocido; el hecho es que en la calle desierta me sentía visible y vulnerable, infinitamente. Recuerdo que le dije al cochero que se detuviera un poco antes de la entrada central. Bajé con lentitud voluntaria y casi **penosa**;[12] iba a la aldea de Ashgrove, pero saqué un pasaje para una estación más lejana. El tren salía dentro de muy pocos minutos, a las ocho y cincuenta. Me apresuré; el próximo saldría a las nueve y media. No había casi nadie en el andén. Recorrí los coches: recuerdo unos labradores, una enlutada,[13] un joven que leía con fervor los *Anales* de Tácito, un soldado

---

[8] Goethe—German poet, novelist, playwright, and nature philosopher of German Romantic period.

[9] **confluyen**—converge, meet, come together.

[10] **escudriñé**—I surveyed, I scanned.

[11] **Argüí**—I argued.

[12] **penosa**—terrible, awful.

[13] enlutada—woman dressed in mourning.

herido y feliz. Los coches **arrancaron**[14] al fin. Un hombre que reconocí corrió en vano hasta el límite del andén. Era el capitán Richard Madden. Aniquilado, trémulo, me encogí en la otra punta del sillón lejos del temido cristal.

De esa aniquilación pasé a una felicidad casi abyecta. Me dije que ya estaba empeñado mi duelo y que yo había ganado el primer **asalto**,[15] al burlar, siquiera por cuarenta minutos, siquiera por un favor del azar, el ataque de mi adversario. Argüí que esa victoria mínima prefiguraba la victoria total. Argüí que no era mínima, ya que sin esa diferencia preciosa que el horario de trenes me deparaba, yo estaría en la cárcel, o muerto. Argüí (no menos sofísticamente) que mi felicidad cobarde probaba que yo era hombre capaz de llevar a buen término la aventura. De esa debilidad saqué fuerzas que no me abandonaron. Preveo que el hombre se resignará cada día a empresas más atroces; pronto no habrá sino guerreros y bandoleros; les doy este consejo: *El ejecutor de una empresa atroz debe imaginar que ya la ha cumplido, debe imponerse un porvenir que sea irrevocable como el pasado.* Así procedí yo, mientras mis ojos de hombre ya muerto registraban la fluencia de aquel día que era tal vez el último, y la difusión de la noche. El tren corría con dulzura, entre fresnos. Se detuvo, casi en medio del campo. Nadie gritó el nombre de la estación. *¿Ashgrove?*, les pregunté a unos chicos en el andén. *Ashgrove*, contestaron. Bajé.

Una lámpara ilustra el andén, pero las caras de los niños quedaban en la zona de sombra. Uno me interrogó: *¿Usted va a casa del doctor Stephen Albert?* Sin aguardar contestación, otro dijo: *La casa queda lejos de aquí, pero usted no se perderá si toma ese camino a la izquierda y en cada encrucijada del camino dobla a la izquierda.* Les arrojé una

---

[14] **arrancaron**—started.
[15] **asalto**—round, bout.

moneda (la última), bajé unos **escalones**[16] de piedra y entré en el solitario camino. Éste, lentamente, bajaba. Era de tierra elemental, arriba se confundían las ramas, la luna baja y circular parecía acompañarme.

Por un instante, pensé que Richard Madden había penetrado de algún modo mi desesperado propósito. Muy pronto comprendí que eso era imposible. El consejo de siempre doblar a la izquierda me recordó que tal era el procedimiento común para descubrir el patio central de ciertos laberintos. Algo entiendo de laberintos; no en vano soy **bisnieto**[17] de aquel Ts'ui Pên, que fue gobernadar de Yunnan y que renunció al poder temporal para escribir una novela que fuera todavía más populosa que el *Hung Lu Meng* y para edificar un laberinto en el que se perdieran todos los hombres. Trece años dedicó a esas heterogéneas fatigas, pero la mano de un forastero lo asesinó y su novela era **insensata**[18] y nadie encontró el laberinto. Bajo los árboles ingleses medité en ese laberinto perdido: lo imaginé inviolado y perfecto en la cumbre secreta de una montaña, lo imaginé borrado por arrozales[19] o debajo del agua, lo imaginé infinito no ya de quioscos ochavados y de sendas que vuelven, sino de ríos y provincias y reinos. . . Pensé en un laberinto de laberintos, en un sinuoso laberinto creciente que abarcara el pasado y el porvenir y que implicara de algún modo los astros. Absorto en esas ilusorias imágenes, olvidé mi destino de perseguido. Me sentí, por un tiempo indeterminado, percibidor abstracto del mundo. El vago y vivo campo, la luna, los restos de la tarde, obraron en mí; asimismo el declive que eliminaba cualquier posibilidad de cansancio. La tarde era íntima, infinita. El camino bajaba y se bifurcaba, entre las ya

---

[16] **escalones**—steps, stairs.

[17] **bisnieto**—great-grandson.

[18] **insensata**—foolish, senseless.

[19] **arrozales**—rice fields, paddies.

confusas praderas. Una música aguda y como silábica se aproximaba y se alejaba en el **vaivén**[20] del viento, empañada de hojas y de distancia. Pensé que un hombre puede ser enemigo de otros hombres, de otros momentos de otros hombres, pero no de un país; no de **luciérnagas**,[21] palabras, jardines, cursos de agua, ponientes. Llegué, así, a un alto **portón**[22] herrumbrado. Entre las rejas descifré una **alameda**[23] y una especie de pabellón. Comprendí, de pronto, dos cosas, la primera trivial, la segunda casi increíble: la música venía del pabellón, la música era china. Por eso, yo la había aceptado con plenitud, sin prestarle atención. No recuerdo si había una campana o un timbre o si llamé golpeando las manos. El **chisporroteo**[24] de la música prosiguió.

Pero del fondo de la íntima casa un **farol**[25] se acercaba: un farol que rayaban y a ratos anulaban los troncos, un farol de papel, que tenía la forma de los tambores y el color de la luna. Lo traía un hombre alto. No vi su rostro, porque me cegaba la luz. Abrió el portón y dijo lentamente en mi idioma:

—Veo que el **piadoso**[26] Hsi Pêng se empeña en corregir mi soledad. ¿Usted sin duda querrá ver el jardín?

Reconocí el nombre de uno de nuestros cónsules[27] y repetí desconcertado:

—¿El jardín?

—El jardín de senderos que se bifurcan.

Algo se agitó en mi recuerdo y pronuncié con incomprensible seguridad:

---

[20] **vaivén**—swinging, rocking.

[21] **luciérnagas**—fireflies, lightning bugs.

[22] **portón**—large door, front door, gate.

[23] **alameda**—tree-lined avenue, poplar grove.

[24] **chisporroteo**—sprinkling.

[25] **farol**—lantern.

[26] **piadoso**—devout, pious.

[27] cónsules—consuls; government officials.

—El jardín de mi antepasado Ts'ui Pên.

—¿Su antepasado? ¿Su ilustre antepasado? Adelante.

El húmedo sendero zigzagueaba como los de mi infancia. Llegamos a una biblioteca de libros orientales y occidentales. Reconocí, encuadernados en **seda**[28] amarilla, algunos tomos manuscritos de la Enciclopedia Perdida que dirigió el Tercer Emperador de la Dinastía Luminosa y que no se dio nunca a la imprenta. El disco del gramófono giraba junto a un fénix de bronce. Recuerdo tambien un jarrón de la familia rosa y otro, anterior de muchos siglos, de ese color azul que nuestros artífices copiaron de los **alfareros**[29] de Persia. . .

Stephen Albert me observaba, sonriente. Era (ya lo dije) muy alto, de rasgos afilados, de ojos grises y barba gris. Algo de **sacerdote**[30] había en él y también de marino; después me refirió que había sido misionero en Tientsin "antes de aspirar a sinólogo".

Nos sentamos; yo en un largo y bajo diván; él de espaldas a la ventana y a un alto reloj circular. Computé que antes de una hora no llegaría mi perseguidor, Richard Madden. Mi determinación irrevocable podía esperar.

—Asombroso destino el de Ts'ui Pên —dijo Stephen Albert—. Gobernador de su provincia natal, docto en astronomía, en astrología y en la interpretación infatigable de los libros canónicos, ajedrecista, famoso poeta y calígrafo: todo lo abandonó para componer un libro y un laberinto. Renunció a los placeres de la opresión, de la justicia, del numeroso lecho, de los banquetes y aun de la erudición y se enclaustró durante trece años en el Pabellón de la Límpida Soledad. A su muerte, los herederos no encontraron sino manuscritos caóticos. La familia, como usted acaso no ignora, quiso

---

[28] **seda**—silk.

[29] **alfareros**—potters.

[30] **sacerdote**—priest.

adjudicarlos al fuego; pero su **albacea**[31] —un monje taoísta[32] o budista— insistió en la publicación.

—Los de la sangre de Ts'ui Pên —repliqué— seguimos execrando a ese monje. Esa publicación fue insensata. El libro es un **acervo**[33] indeciso de borradores contradictorios. Lo he examinado alguna vez: en el tercer capítulo muere el héroe, en el cuarto está vivo. En cuanto a la otra empresa de Ts'ui Pên, a su Laberinto. . .

—Aquí está el Laberinto —dijo indicándome un alto escritorio laqueado.

—¡Un laberinto de **marfil**![34] —exclamé—. Un laberinto mínimo. . .

—Un laberinto de símbolos —corrigió—. Un invisible laberinto de tiempo. A mí, bárbaro inglés, me ha sido deparado revelar ese misterio **diáfano**.[35] Al cabo de más de cien años, los **pormenores**[36] son irrecuperables, pero no es difícil conjeturar lo que sucedió. Ts'ui Pên diría una vez: *Me retiro a escribir un libro*. Y otra: *Me retiro a construir un laberinto*. Todos imaginaron dos obras; nadie pensó que libro y laberinto eran un solo objeto. El Pabellón de la Límpida Soledad se erguía en el centro de un jardín tal vez intrincado; el hecho puede haber sugerido a los hombres un laberinto físico. Ts'ui Pên murió; nadie, en las dilatadas tierras que fueron suyas, dio con el laberinto; la confusión de la novela me sugirió que ése era el laberinto. Dos circunstancias me dieron la recta solución del problema. Una: la curiosa leyenda de que Ts'ui Pên se había propuesto un laberinto que fuera estrictamente infinito. Otra: un fragmento de una carta que descubrí.

---

[31] **albacea**—executor.

[32] **taoísta**—follower of Taoism, a Chinese philosophy which states that people should live simple, honest lives and not interfere with the natural course of events.

[33] **acervo**—heritage.

[34] **marfil**—ivory.

[35] **diáfano**—diaphanous, vague.

[36] **pormenores**—details.

Albert se levantó. Me dio, por unos instantes, la espalda; abrió un cajón del áureo y renegrido escritorio. Volvió con un papel antes **carmesí**;[37] ahora rosado y tenue y cuadriculado. Era justo el renombre caligráfico de Ts'ui Pên. Leí con incomprensión y fervor estas palabras que con minucioso pincel redactó un hombre de mi sangre: *Dejo a los varios porvenires (no a todos) mi jardín de senderos que se bifurcan.* Devolví en silencio la hoja. Albert prosiguió:

—Antes de exhumar esta carta, yo me había preguntado de qué manera un libro puede ser infinito. No conjeturé otro procedimiento que el de un volumen cíclico, circular. Un volumen cuya última página fuera idéntica a la primera, con posibilidad de continuar indefinidamente. Recordé también esa noche que está en el centro de las 1001 Noches, cuando la reina Shahrazad (por una mágica distracción del copista) se pone a referir textualmente la historia de las 1001 Noches, con riesgo de llegar otra vez a la noche en que la refiere, y así hasta lo infinito. Imaginé también una obra platónica, hereditaria, trasmitida de padre a hijo en la que cada nuevo individuo agregara un capítulo o corrigiera con piadoso cuidado la página de los mayores. Esas conjeturas me distrajeron; pero ninguna parecía corresponder, siquiera de un modo remoto, a los contradictorios capítulos de Ts'ui Pên. En esa perplejidad me remitieron de Oxford el manuscrito que usted ha examinado. Me detuve, como es natural, en la frase: *Dejo a los varios porvenires (no a todos) mi jardín de senderos que se bifurcan.* Casi en el acto comprendí; *el jardín de senderos que se bifurcan* era la novela caótica; la frase *varios porvenires (no a todos)* me sugirió la imagen de la bifurcación en el tiempo, no en el espacio. La relectura general de la obra confirmó esa teoría. En todas las ficciones, cada vez que un hombre se enfrenta con

---

[37] **carmesí**—crimson.

diversas alternativas, opta por una y elimina las otras; en la del casi inextricable Ts'ui Pên, opta —simultáneamente— por todas. *Crea*, así, diversos porvenires, diversos tiempos, que también proliferan y se bifurcan. De ahí las contradicciones de la novela. Fang, digamos, tiene un secreto; un desconocido llama a su puerta; Fang resuelve matarlo. Naturalmente, hay varios desenlaces posibles: Fang puede matar al intruso, el intruso puede matar a Fang, ambos pueden salvarse, ambos pueden morir, etcétera. En la obra de Ts'ui Pên, todos los desenlaces ocurren; cada uno es el punto de partida de otras bifurcaciones. Alguna vez, los senderos de ese laberinto convergen; por ejemplo, usted llega a esta casa, pero en uno de los pasados posibles usted es mi enemigo, en otro mi amigo. Si se resigna usted a mi pronunciación incurable, leeremos unas páginas.

Su rostro, en el vívido círculo de la lámpara, era sin duda el de un anciano, pero con algo **inquebrantable**[38] y aun inmortal. Leyó con lenta precisión dos redacciones de un mismo capítulo épico. En la primera, un ejército marcha hacia una batalla a través de una montaña desierta; el horror de las piedras y de la sombra le hace **menospreciar**[39] la vida y logra con facilidad la victoria; en la segunda, el mismo ejército atraviesa un palacio en el que hay una fiesta; la resplandeciente batalla les parece una continuación de la fiesta y logran la victoria. Yo oía con decente veneración esas viejas ficciones, acaso menos admirables que el hecho de que las hubiera ideado mi sangre y de que un hombre de un imperio remoto me las restituyera, en el curso de una desesperada aventura, en una isla occidental. Recuerdo las palabras finales, repetidas en cada redacción como

---

[38] **inquebrantable**—unshakable, unyielding.
[39] **menospreciar**—despise, scorn, look down on.

un mandamiento secreto: *Así combatieron los héroes, tranquilo el admirable corazón, violenta la espada, resignados a matar y a morir.*

Desde ese instante, sentí a mi alrededor y en mi oscuro cuerpo una invisible, intangible **pululación.**[40] No la pululación de los divergentes, paralelos y, finalmente coalescentes ejércitos, sino una agitación más inaccesible, mas íntima y que ellos de algún modo prefiguraban. Stephen Albert prosiguió:

—No creo que su ilustre antepasado jugara ociosamente a las variaciones. No juzgo verosímil que sacrificara trece años a la infinita ejecución de un experimento retórico. En su país, la novela es un género subalterno; en aquel tiempo era un género despreciable. Ts'ui Pên fue un novelista genial, pero también fue un hombre de letras que sin duda no se consideró un mero novelista. El testimonio de sus contemporáneos proclama —y harto lo confirma su vida— sus aficiones metafísicas, místicas. La controversia filosófica usurpa buena parte de su novela. Sé que de todos los problemas, ninguno lo inquietó y lo trabajó como el abismal problema del tiempo. Ahora bien, ése es el *único* problema que no figura en las páginas del *Jardín.* Ni siquiera usa la palabra que quiere decir *tiempo.* ¿Cómo se explica usted esa voluntaria omisión?

Propuse varias soluciones; todas, insuficientes. Las discutimos; al fin, Stephen Albert me dijo:

—En una **adivinanza**[41] cuyo tema es el ajedrez, ¿cuál es la única palabra prohibida? Reflexioné un momento y repuse:

—La palabra *ajedrez.*

—Precisamente —dijo Albert—. *El jardín de senderos que se bifurcan* es una enorme adivinanza, o parábola, cuyo tema es el tiempo; esa causa **recóndita**[42] le prohíbe

---

[40] **pululación**—pullulation, swarming.
[41] **adivinanza**—riddle.
[42] **recóndita**—remote, isolated.

la mención de su nombre. Omitir *siempre* una palabra, recurrir a metáforas ineptas y a perífrasis evidentes, es quizá el modo más enfático de indicarla. Es el modo tortuoso que prefirió, en cada uno de los meandros de su infatigable novela, el oblicuo Ts'ui Pên. He confrontado centenares de manuscritos, he corregido los errores que la negligencia de los copistas ha introducido, he conjeturado el plan de ese caos, he restablecido, he creído restablecer el orden primordial, he traducido la obra entera: me consta que no emplea una sola vez la palabra *tiempo*. La explicación es obvia: *El jardín de senderos que se bifurcan* es una imagen incompleta, pero no falsa, del universo tal como lo concebía Ts'ui Pên. A diferencia de Newton y de Schopenhauer, su antepasado no creía en un tiempo uniforme, absoluto. Creía en infinitas series de tiempos, en una red creciente y vertiginosa de tiempos divergentes, convergentes y paralelos. Esa trama de tiempos que se aproximan, se bifurcan, se cortan o que secularmente se ignoran, abarca *todas* las posibilidades. No existimos en la mayoría de esos ejemplos; en algunos existe usted y no yo; en otros, yo, no usted; en otros, los dos. En éste, que un favorable azar me depara, usted ha llegado a mi casa; en otro, usted, al atravesar el jardín, me ha encontrado muerto; en otro, yo digo estas mismas palabras, pero soy un error, un fantasma.

—En todos —articulé no sin un temblor— agradezco y venero su recreación del jardín de Ts'ui Pên.

—No en todos —murmuró con una sonrisa—. El tiempo se bifurca perpetuamente hacia innumerables futuros. En uno de ellos soy su enemigo.

Volví a sentir esa pululación de que hablé. Me pareció que el húmedo jardín que rodeaba la casa estaba saturado hasta lo infinito de invisibles personas. Esas personas eran Albert y yo, secretos, retos, atareados y multiformes en otras dimensiones de tiempo. Alcé los ojos y la tenue **pesadilla**[43] se disipó. En el amarillo y negro jardín había un solo hombre; pero ese hombre era fuerte como una estatua, pero ese hombre avanzaba por el sendero y era el capitán Richard Madden.

—El porvenir ya existe —respondí—, pero yo soy su amigo. ¿Puedo examinar de nuevo la carta?

Albert se levantó. Alto, abrió el cajón del alto escritorio; me dio por un momento la espalda. Yo había preparado el revólver. Disparé con **sumo**[44] cuidado: Albert se **desplomó**[45] sin una queja, inmediatamente. Yo juro que su muerte fue instantánea: una fulminación.

Lo demás es irreal, insignificante. Madden irrumpió, me arrestó. He sido condenado a la horca. Abominablemente he vencido: he comunicado a Berlín el secreto nombre de la ciudad que deben atacar. Ayer la bombardearon; lo leí en los mismos periódicos que propusieron a Inglaterra el enigma de que el sabio sinólogo Stephen Albert muriera asesinado por un desconocido, Yu Tsun. El Jefe ha descifrado ese enigma. Sabe que mi problema era indicar (a través del **estrépito**[46] de la guerra) la ciudad que se llama Albert y que no hallé otro medio que matar a una persona de ese nombre. No sabe (nadie puede saber) mi innumerable contrición y cansancio.»

---

[43] **pesadilla**—nightmare.

[44] **sumo**—great.

[45] **desplomó**—collapsed.

[46] **estrépito**—loud noise, din.

PREGUNTAS

1. ¿Qué sabes del protagonista de este relato? ¿Qué misión se propone cumplir y cómo lo consigue?

2. ¿Qué aprende el protagonista en su "casual" encuentro con el sinólogo Stephen Albert?

3. ¿Qué paralelismo hay entre la forma en que está presentado el argumento de este relato y el misterio que el protagonista descubre al final? ¿Qué tiene que ver con el título del cuento?

4. ¿Cuál es la visión del tiempo presentada por Ts'ui Pên en su novela *El jardín de senderos que se bifurcan*? ¿Crees que Borges está experimentando en este cuento con esa visión? ¿Cómo?

5. ¿En qué momento de la narración asoma la "realidad" del argumento? ¿Cómo se disuelven las dos historias otra vez en una?

El Aleph

Este cuento de Borges es uno de sus más famosos. Está influido por H.G. Wells y, de forma indirecta, está basado en la Divina Comedia de Dante. Trata de un hombre enamorado que descubre en el sótano de la casa de su amada una esfera perfecta donde el universo entero puede ser visto simultáneamente. Aparecen desarrollados los temas del amor, la rivalidad literaria y la metafísica.

> **O God, I could be bounded in a nutshell and count myself a King of infinite space.**
>
> Hamlet, II, 2

> **But they will teach us that Eternity is the Standing still of the Present Time, a Nunc-stans (as the Schools call it); which neither they, nor any else understand, no more than they would a Hic-stans for an Infinite greatnesse of Place.**
>
> Leviathan, IV, 46

La candente mañana de febrero en que Beatriz Viterbo murió, después de una imperiosa **agonía**[1] que no se rebajó un solo instante ni al sentimentalismo ni al miedo, noté que las carteleras de fierro de la Plaza Constitución habían renovado no sé qué aviso de cigarrillos rubios; el hecho me dolió, pues comprendí que el incesante y vasto universo ya se apartaba de ella y que ese cambio era el primero de una serie infinita. Cambiará el universo pero yo no, pensé con melancólica vanidad; alguna vez, lo sé, mi vana devoción la había exasperado; muerta yo podía **consagrarme**[2] a su memoria, sin esperanza, pero también sin humillación. Consideré que el treinta de abril era su cumpleaños; visitar ese día la casa de la calle Garay para saludar a su padre y a Carlos Argentino Daneri, su primo hermano, era un acto cortés, irreprochable, tal vez ineludible. De nuevo **aguardaría**[3] en el crepúsculo de la abarrotada salita, de nuevo estudiaría las circunstancias de sus muchos retratos. Beatriz Viterbo, de perfil, en colores; Beatriz, con **antifaz**,[4] en los carnavales de 1921; la primera comunión de Beatriz; Beatriz, el día de su boda con Roberto Alessandri; Beatriz, poco después del divorcio, en un almuerzo del Club Hípico; Beatriz, en Quilmes, con Delia San Marco Porcel y Carlos Argentino; Beatriz, con el pekinés que le regaló Villegas Haedo; Beatriz, de frente y de tres cuartos, sonriendo, la mano en el **mentón**[5]. . . No estaría obligado, como otras veces, a justificar mi presencia con módicas ofrendas de libros: libros cuyas páginas, finalmente, aprendí a cortar, para no comprobar, meses después, que estaban intactos.

---

[1] **agonía**—agony, death throes.

[2] **consagrarme**—dedicate myself.

[3] **aguardaría**—I would wait.

[4] **antifaz**—mask.

[5] **mentón**—chin.

Beatriz Viterbo murió en 1929; desde entonces, no dejé pasar un treinta de abril sin volver a su casa. Yo solía llegar a las siete y cuarto y quedarme unos veinticinco minutos; cada año aparecía un poco más tarde y me quedaba un rato más; en 1933, una lluvia torrencial me favoreció: tuvieron que invitarme a comer. No **desperdicié**,[6] como es natural, ese buen precedente; en 1934, aparecí, ya dadas las ocho, con un alfajor santafecino;[7] con toda naturalidad me quedé a comer. Así, en aniversarios melancólicos y vanamente eróticos, recibí las graduales confidencias de Carlos Argentino Daneri.

Beatriz era alta, frágil, muy ligeramente inclinada; había en su andar (si el oxímoron es tolerable) una como graciosa **torpeza**,[8] un principio de éxtasis; Carlos Argentino es rosado, considerable, **canoso**,[9] de rasgos finos. Ejerce no sé qué cargo subalterno en una biblioteca ilegible de los arrabales del Sur; es autoritario, pero también es ineficaz; aprovechaba, hasta hace muy poco, las noches y las fiestas para no salir de su casa. A dos generaciones de distancia, la ese italiana y la copiosa gesticulación italiana sobreviven en él. Su actividad mental es continua, apasionada, versátil y del todo insignificante. Abunda en inservibles analogías y en ociosos escrúpulos. Tiene (como Beatriz) grandes y afiladas manos hermosas. Durante algunos meses padeció la obsesión de Paul Fort, menos por sus **baladas**[10] que por la idea de una gloria intachable. «Es el Príncipe de los poetas de Francia», repetía con fatuidad. «En vano te revolverás contra él; no lo alcanzará, no, la más inficionada de tus **saetas**.»[11]

---

[6] **desperdicié**—miss, waste.

[7] alfajor santafecino—Argentine pastry.

[8] **torpeza**—clumsiness, awkwardness.

[9] **canoso**—grey-haired, white-haired.

[10] **baladas**—ballads.

[11] **saetas**—darts, arrows.

El treinta de abril de 1941 me permití agregar al alfajor una botella de coñac del país. Carlos Argentino lo probó, lo juzgó interesante y emprendió, al cabo de unas copas, una vindicación del hombre moderno.

—Lo evoco —dijo con una animación algo inexplicable— en su **gabinete**[12] de estudio, como si dijéramos en la torre albarrana[13] de una ciudad, provisto de teléfonos, de telégrafos, de fonógrafos, de aparatos de radiotelefonía, de cinematógrafos, de linternas mágicas, de glosarios, de horarios, de prontuarios, de boletines...

Observó que para un hombre así facultado el acto de viajar era inútil; nuestro siglo XX había transformado la fábula de Mahoma[14] y de la montaña; las montañas, ahora, convergían sobre el moderno Mahoma.

Tan ineptas me parecieron esas ideas, tan pomposa y tan vasta su exposición, que las relacioné inmediatamente con la literatura; le dije que por qué no las escribía. Previsiblemente respondió que ya lo había hecho: esos conceptos, y otros no menos **novedosos**,[15] figuraban en el Canto Augural, Canto Prologal o simplemente Canto-Prólogo de un poema en el que trabajaba hacía muchos años, sin *réclame*, sin **bullanga**[16] **ensordecedora**,[17] siempre apoyado en esos dos báculos[18] que se llaman el trabajo y la soledad. Primero, abría las compuertas a la imaginación; luego, hacía uso de la lima. El poema se titulaba *La Tierra*; tratábase de una descripción del planeta, en la que no faltaban, por cierto, la pintoresca digresión y el gallardo apóstrofe.

Le rogué que me leyera un pasaje, aunque fuera breve. Abrió un cajón del escritorio, sacó un alto legajo

---

[12] **gabinete**—office.

[13] torre albarrana—tower built as part of a wall intended to protect a city.

[14] Mahoma—Mohammed; Arab prophet of Islam.

[15] **novedosos**—original.

[16] **bullanga**—noise.

[17] **ensordecedora**—deafening.

[18] báculos—walking sticks, support.

de hojas de block estampadas con el membrete de la Biblioteca Juan Crisóstomo Lafinur y leyó con sonora satisfacción:

> He visto, como el griego, las urbes de los
>   [hombres,
> los trabajos, los días de varia luz, el hambre;
> no corrijo los hechos, no falseo los nombres,
> pero el voyage que narro, es ... autour de ma
>   [chambre.

—Estrofa a todas luces interesante —dictaminó—. El primer verso granjea el aplauso del catedrático, del académico, del helenista,[19] cuando no de los eruditos a la violeta, sector considerable de la opinión; el segundo pasa de Homero a Hesíodo (todo un implícito homenaje, en el **frontis**[20] del flamante edificio, al padre de la poesía didáctica), no sin remozar un procedimiento cuyo **abolengo**[21] está en la Escritura, la enumeración, congerie o conglobación; el tercero —¿barroquismo, decadentismo; culto depurado y fanático de la forma?— consta de dos hemistiquios[22] gemelos; el cuarto, francamente bilingüe, me asegura el apoyo incondicional de todo espíritu sensible a los desenfadados **envites**[23] de la **facecia**.[24] Nada diré de la rima rara ni de la ilustración que me permite, ¡sin pedantismo!, acumular en cuatro versos tres alusiones eruditas que abarcan treinta siglos de apretada literatura: la primera a la *Odisea*, la segunda a los *Trabajos y días,* la tercera a la bagatela inmortal que nos depararan los ocios de la pluma del saboyano...

---

[19] helenista—student of Greek civilization, language, or literature.

[20] **frontis**—façade; the face of a building.

[21] **abolengo**—ancestry.

[22] hemistiquios—hemistichs; half-lines of verse.

[23] **envites**—invitations, offers, offerings.

[24] **facecia**—joke, anecdote.

Comprendo una vez más que el arte moderno exige el bálsamo de la risa, el *scherzo*. ¡Decididamente, tiene la palabra Goldoni!

Otras muchas estrofas me leyó que también obtuvieron su **aprobación**[25] y su comentario profuso. Nada memorable había en ellas; ni siquiera las juzgué mucho peores que la anterior. En su escritura habían colaborado la aplicación, la resignación y el azar; las virtudes que Daneri les atribuía eran posteriores. Comprendí que el trabajo del poeta no estaba en la poesía; estaba en la invención de razones para que la poesía fuera admirable; naturalmente, ese ulterior trabajo modificaba la obra para él, pero no para otros. La dicción oral de Daneri era extravagante; su torpeza métrica le vedó, salvo contadas veces, trasmitir esa extravagancia al poema.*

Una sola vez en mi vida he tenido ocasión de examinar los quince mil dodecasílabos del *Polyolbion,* esa epopeya topográfica en la que Michael Drayton registró la fauna, la flora, la hidrografía, la orografía, la historia militar y monástica de Inglaterra; estoy seguro de que ese producto considerable, pero limitado, es menos tedioso que la vasta empresa congénere de Carlos Argentino. Éste se proponía versificar toda la redondez del planeta; en 1941 ya había despachado unas hectáreas[26] del estado de Queensland, más de un kilómetro del curso del Ob, un gasómetro al norte de Veracruz, las principales casas de comercio de la parroquia de la Concepción, la quinta de Mariana

---

* Recuerdo, sin embargo, estas líneas de una sátira que fustigó con rigor a los malos poetas:

Aqueste da al poema belicosa armadura
De erudición; estotro le da pompas y galas.
Ambos baten en vano las ridículas alas. . .
¡Olvidaron, cuidados, el factor HERMOSURA!

Sólo el temor de crearse un ejército de enemigos implacables y poderosos lo disuadió (me dijo) de publicar sin miedo el poema.

[25] **aprobación**—approval.

[26] hectáreas—hectares; a unit of measure equal to 10,000 square meters.

Cambaceres de Alvear en la calle Once de Septiembre, en Belgrano, y un establecimiento de baños turcos no lejos del acreditado acuario de Brighton. Me leyó ciertos laboriosos pasajes de la zona australiana de su poema; esos largos e informes alejandrinos carecían de la relativa agitación del prefacio. Copio una estrofa:

> *Sepan. A manderecha del poste rutinario*
> *(viniendo, claro está, desde el Nornoroeste)*
> *se aburre una* **osamenta**[27] *—¿Color?*
> *[Blanquiceleste—*
> *que da al corral de ovejas catadura de osario.*

—Dos audacias —gritó con exultación—, rescatadas, te oigo mascullar, por el éxito. Lo admito, lo admito. Una, el epíteto *rutinario*, que certeramente denuncia, *en passant*, el inevitable tedio inherente a las **faenas**[28] pastoriles y agrícolas, tedio que ni las geórgicas ni nuestro ya laureado *Don Segundo* se atrevieron jamás a denunciar así, al rojo vivo. Otra, el enérgico prosaísmo *se aburre una osamenta*, que el melindroso querrá excomulgar[29] con horror pero que apreciará más que su vida el crítico de gusto viril. Todo el verso, por lo demás, es de muy subidos **quilates**.[30] El segundo hemistiquio entabla animadísima charla con el lector; se adelanta a su viva curiosidad, le pone una pregunta en la boca y la satisface. . . al instante. ¿Y qué me dices de ese hallazgo, *blanquiceleste?* El pintoresco neologismo *sugiere* el cielo, que es un factor importantísimo del paisaje australiano. Sin esa evocación resultarían demasiado sombrías las tintas del **boceto**[31] y el lector se vería compelido a cerrar el volumen, **herida**[32] en lo más íntimo el alma de incurable y negra melancolía.

---

[27] **osamenta**—bones, part of the skeleton.

[28] **faenas**—tasks, jobs.

[29] excomulgar—to excommunicate, to exclude from a group.

[30] **quilates**—karats.

[31] **boceto**—sketch, outline.

[32] **herida**—wounded, injured.

Hacia la medianoche me despedí.

Dos domingos después, Daneri me llamó por teléfono, entiendo que por primera vez en la vida. Me propuso que nos reuniéramos a las cuatro, «para tomar juntos la leche, en el contiguo salón-bar que el progresismo de Zunino y de Zungri —los propietarios de mi casa, recordarás— inaugura en la esquina; confitería que te importará conocer». Acepté, con más resignación que entusiasmo. Nos fue difícil encontrar mesa; el «salón-bar», inexorablemente moderno, era apenas un poco menos **atroz**[33] que mis previsiones; en las mesas vecinas, el excitado público mencionaba las sumas invertidas sin regatear por Zunino y por Zungri, Carlos Argentino fingió asombrarse de no sé qué primores de la instalación de la luz (que, sin duda, ya conocía) y me dijo con cierta severidad:

—Mal de tu grado habrás de reconocer que este local se **parangona**[34] con los más **encopetados**[35] de Flores.

Me releyó, después, cuatro o cinco páginas del poema. Las había corregido según un depravado principio de ostentación verbal: donde antes escribió *azulado*, ahora abundaba en *azulino, azulenco* y hasta *azulillo*. La palabra *lechoso* no era bastante fea para él; en la impetuosa descripción de un lavadero de lanas, prefería *lactario, lacticinoso, lactescente, lechal*. . . Denostó con amargura a los críticos; luego, más benigno, los equiparó a esas personas, «que no disponen de metales preciosos ni tampoco de prensas de vapor, laminadores y ácidos sulfúricos para la acuñación de tesoros, pero que pueden *indicar* a los *otros el sitio* de un tesoro». Acto continuo censuró la *prologomanía*, «de la que ya hizo **mofa**,[36] en la donosa prefación del Quijote, el Príncipe de los Ingenios». Admitió, sin embargo, que en la

---

[33] **atroz**—atrocious, awful.

[34] **parangona**—compares.

[35] **encopetados**—presumptious, arrogant.

[36] **mofa**—mockery.

portada de la nueva obra convenía el prólogo vistoso, el espaldarazo firmado por el plumífero de garra, de fuste. Agregó que pensaba publicar los cantos iniciales de su poema. Comprendí, entonces, la singular invitación telefónica; el hombre iba a pedirme que prologara su pedantesco fárrago.[37] Mi temor resultó infundado: Carlos Argentino observó, con admiración rencorosa, que no creía errar en el epíteto al calificar de sólido el prestigio logrado en todos los círculos por Álvaro Mefián Lafinur, hombre de letras, que, si yo me empeñaba, prologaría con embeleso el poema. Para evitar el más imperdonable de los fracasos, yo tenía que hacerme portavoz de dos méritos inconcusos: la perfección formal y el rigor científico, «porque ese dilatado jardín de tropos, de figuras, de galanuras, no tolera un solo detalle que no confirme la severa verdad». Agregó que Beatriz siempre se había distraído con Álvaro.

Asentí, profusamente asentí. Aclaré, para mayor verosimilitud, que no hablaría el lunes con Álvaro, sino el jueves: en la pequeña cena que suele coronar toda reunión del Club de Escritores. (No hay tales cenas, pero es irrefutable que las reuniones tienen lugar los jueves, hecho que Carlos Argentino Daneri podía comprobar en los diarios y que dotaba de cierta realidad a la frase.) Dije, entre adivinatorio y **sagaz**,[38] que antes de abordar el tema del prólogo, describiría el curioso plan de la obra. Nos despedimos; al doblar por Bernardo de Irigoyen, encaré con toda imparcialidad los porvenires que me quedaban: a) hablar con Álvaro y decirle que el primo hermano aquel de Beatriz (ese eufemismo explicativo me permitiría nombrarla) había elaborado un poema que parecía dilatar hasta lo infinito las posibilidades de la cacofonía y del caos; b) no hablar

---

[37] fárrago—farrago, jumble, hodgepodge.
[38] **sagaz**—shrewd, astute.

con Álvaro. Preví, lúcidamente, que mi desidia optaría por b.

A partir del viernes a primera hora, empezó a inquietarme el teléfono. Me indignaba que ese instrumento, que algún día produjo la irrecuperable voz de Beatriz, pudiera rebajarse a receptáculo de las inútiles y quizá coléricas quejas de ese engañado Carlos Argentino Daneri. Felizmente, nada ocurrió —salvo el rencor inevitable que me inspiró aquel hombre que me había impuesto una delicada gestión y luego me olvidaba.

El teléfono perdió sus terrores, pero a fines de octubre, Carlos Argentino me habló. Estaba agitadísimo; no identifiqué su voz, al principio. Con tristeza y con ira balbuceó que esos ya ilimitados Zunino y Zungri, so pretexto de ampliar su desaforada confitería, iban a demoler su casa.

—¡La casa de mis padres, mi casa, la vieja casa inveterada de la calle Garay! —repitió, quizá olvidando su pesar en la melodía.

No me resultó muy difícil compartir su congoja. Ya cumplidos los cuarenta años, todo cambio es un símbolo detestable del pasaje del tiempo; además, se trataba de una casa que, para mí, aludía infinitamente a Beatriz. Quise aclarar ese delicadísimo rasgo; mi interlocutor no me oyó. Dijo que si Zunino y Zungri persistían en ese propósito absurdo, el doctor Zunni, su abogado, los demandaría *ipso facto* por daños y perjuicios y los obligaría a abonar cien mil nacionales.

El nombre de Zunni me impresionó; su bufete, en Caseros y Tacuarí, es de una seriedad proverbial. Interrogué si éste se había encargado ya del asunto. Daneri dijo que le hablaría esa misma tarde. Vaciló y con esa voz llana, impersonal, a que solemos recurrir para confiar algo muy íntimo, dijo que para terminar el poema le era indispensable la casa, pues en un ángulo del sótano había un Aleph. Aclaró que un Aleph es uno de los puntos del espacio que contienen todos los puntos.

—Está en el sótano del comedor —explicó, aligerada su dicción por la angustia—. Es mío, es mío: yo lo descubrí en la niñez, antes de la edad escolar. La escalera del sótano es empinada, mis tíos me tenían prohibido el descenso, pero alguien dijo que había un mundo en el sótano. Se refería, lo supe después, a un baúl, pero yo entendí que había un mundo. Bajé secretamente, rodé por la escalera vedada, caí. Al abrir los ojos, vi el Aleph.

—¿El Aleph? —repetí.

—Sí, el lugar donde están, sin confundirse, todos los lugares del orbe, vistos desde todos los ángulos. A nadie revelé mi descubrimiento, pero volví. ¡El niño no podía comprender que le fuera deparado ese privilegio para que el hombre burilara el poema! No me **despojarán**[39] Zunino y Zungri, no y mil veces no. Código en mano, el doctor Zunni probará que es *inajenable* mi Aleph.

Traté de razonar.

—Pero, ¿no es muy oscuro el sótano?

—La verdad no penetra en un entendimiento rebelde. Si todos los lugares de la tierra están en el Aleph, ahí estarán todas las luminarias, todas las lámparas, todos los veneros de luz.

—Iré a verlo inmediatamente.

Corté, antes de que pudiera emitir una prohibición. Basta el conocimiento de un hecho para percibir en el acto una serie de rasgos confirmatorios, antes insospechados; me asombró no haber comprendido hasta ese momento que Carlos Argentino era un loco. Todos esos Viterbo, por lo demás. . . Beatriz (yo mismo suelo repetirlo) era una mujer, una niña de una **clarividencia**[40] casi implacable, pero había en ella

---

[39] **despojarán**—will strip, will divest.

[40] **clarividencia**—clairvoyance.

negligencias, distracciones, desdenes, verdaderas crueldades, que tal vez reclamaban una explicación patológica. La locura de Carlos Argentino me colmó de maligna felicidad; íntimamente, siempre nos habíamos detestado.

En la calle Garay, la sirvienta me dijo que tuviera la bondad de esperar. El niño estaba, como siempre, en el sótano, revelando fotografías. Junto al jarrón sin una flor, en el piano inútil, sonreía (más intemporal que anacrónico) el gran retrato de Beatriz, en **torpes**[41] colores. No podía vernos nadie; en una desesperación de **ternura**[42] me aproximé al retrato y le dije:

—Beatriz, Beatriz Elena, Beatriz Elena Viterbo, Beatriz querida, Beatriz perdida para siempre, soy yo, soy Borges.

Carlos entró poco después. Habló con **sequedad**;[43] comprendí que no era capaz de otro pensamiento que de la perdición del Aleph.

—Una copita del seudo coñac —ordenó— y te **zampuzarás**[44] en el sótano. Ya sabes, el decúbito dorsal[45] es indispensable. También lo son la oscuridad, la inmovilidad, cierta acomodación ocular. Te acuestas en el piso de **baldosas**[46] y fijas los ojos en el decimonono escalón de la pertinente escalera. Me voy, bajo la trampa y te quedas solo. Algún roedor te mete miedo ¡fácil empresa! A los pocos minutos ves el Aleph. ¡El microcosmo de alquimistas[47] y cabalistas,[48] nuestro concreto amigo proverbial, el *multum in parvo!*

---

[41] **torpes**—clumsy.

[42] **ternura**—tenderness.

[43] **sequedad**—dryness, brusqueness.

[44] **zampuzarás**—you'll dive.

[45] decúbito dorsal—supine position; lying on one's back.

[46] **baldosas**—floor tiles.

[47] alquimistas—alchemists; practitioners of alchemy, a medieval chemical philosophy.

[48] cabalistas—cabalists; followers of mystical teachings and esoteric interpretations of the Hebrew Scriptures.

Ya en el comedor, agregó:

—Claro está que si no lo ves, tu incapacidad no invalida mi testimonio... Baja; muy en breve podrás entablar un diálogo con *todas* las imágenes de Beatriz.

Bajé con rapidez, harto de sus palabras insustanciales. El sótano, apenas más ancho que la escalera, tenía mucho de pozo. Con la mirada, busqué en vano el **baúl**[49] de que Carlos Argentino me habló. Unos cajones con botellas y unas bolsas de lona entorpecían un ángulo. Carlos tomó una bolsa, la dobló y la acomodó en un sitio preciso.

—La almohada es humildosa —explicó—, pero si la levanto un solo centímetro, no verás ni una pizca y te quedas corrido y avergonzado. **Repantiga**[50] en el suelo ese **corpachón**[51] y cuenta diecinueve escalones.

Cumplí con sus ridículos requisitos; al fin se fue. Cerró cautelosamente la trampa; la oscuridad, pese a una **hendija**[52] que después distinguí, pudo parecerme total. Súbitamente comprendí mi peligro: me había dejado **soterrar**[53] por un loco, luego de tomar un **veneno**.[54] Las bravatas de Carlos transparentaban el íntimo terror de que yo no viera el prodigio; Carlos, para defender su delirio, para no saber que estaba loco, *tenía que matarme*. Sentí un confuso malestar, que traté de atribuir a la rigidez, y no a la operación de un narcótico. Cerré los ojos, los abrí. Entonces vi el Aleph.

Arribo, ahora, al inefable centro de mi relato; empieza, aquí, mi desesperación de escritor. Todo lenguaje es un alfabeto de símbolos cuyo ejercicio presupone un pasado que los interlocutores comparten; ¿cómo transmitir a los otros el infinito Aleph, que mi

---

[49] **baúl**—chest, trunk.

[50] **Repantiga**—stretches out.

[51] **corpachón**—solid or hefty body.

[52] **hendija**—crack, split.

[53] **soterrar**—to bury, hide.

[54] **veneno**—venom, poison.

temerosa memoria apenas abarca? Los místicos, en análogo trance, prodigan los emblemas: para significar la divinidad, un persa habla de un pájaro que de algún modo es todos los pájaros; Alanus de Insulis, de una esfera cuyo centro está en todas partes y la circunferencia en ninguna; Ezequiel, de un ángel de cuatro caras que a un tiempo se dirige al Oriente y al Occidente, al Norte y al Sur. (No en vano rememoro esas inconcebibles analogías; alguna relación tienen con el Aleph.) Quizá los dioses no me negarían el hallazgo de una imagen equivalente, pero este informe quedaría contaminado de literatura, de falsedad. Por lo demás, el problema central es irresoluble: la enumeración, siquiera parcial, de un **conjunto**[55] infinito. En ese instante gigantesco, he visto millones de actos deleitables o atroces; ninguno me asombró como el hecho de que todos ocuparan el mismo punto, sin superposición y sin transparencia. Lo que vieron mis ojos fue simultáneo: lo que transcribiré, sucesivo, porque el lenguaje lo es. Algo, sin embargo, recogeré.

En la parte inferior del escalón, hacia la derecha, vi una pequeña **esfera**[56] tornasolada, de casi intolerable **fulgor**.[57] Al principio la creí giratoria; luego comprendí que ese movimiento era una ilusión producida por los vertiginosos espectáculos que encerraba. El diámetro del Aleph sería de dos o tres centímetros, pero el espacio cósmico estaba ahí, sin disminución de tamaño. Cada cosa (la luna del espejo, digamos) era infinitas cosas, porque yo claramente la veía desde todos los puntos del universo. Vi el populoso mar, vi el alba y la tarde, vi las **muchedumbres**[58] de América, vi una **plateada**[59]

---

[55] **conjunto**—whole.

[56] **esfera**—sphere.

[57] **fulgor**—brightness, brilliance.

[58] **muchedumbres**—crowds, throngs of people.

[59] **plateada**—silverplated.

telaraña en el centro de una negra pirámide, vi un laberinto roto (era Londres), vi interminables ojos inmediatos escrutándose en mí como en un espejo, vi todos los espejos del planeta y ninguno me reflejó, vi en un traspatio de la calle Soler las mismas baldosas que hace treinta años vi en el zaguán de una casa en Fray Bentos, vi racimos, nieve, tabaco, **vetas**[60] de metal, vapor de agua, vi convexos desiertos ecuatoriales y cada uno de sus granos de arena, vi en Inverness a una mujer que no olvidaré, vi la violenta cabellera, el altivo cuerpo, vi un cáncer en el pecho, vi un círculo de tierra seca en una **vereda**,[61] donde antes hubo un árbol, vi una quinta de Adrogué, un ejemplar de la primera versión inglesa de Plinio, la de Philemon Holland, vi a un tiempo cada letra de cada página (de chico, yo solía maravillarme de que las letras de un volumen cerrado no se mezclaran y perdieran en el decurso de la noche), vi la noche y el día contemporáneo, vi un poniente en Querétaro que parecía reflejar el color de una rosa en Bengala, vi mi dormitorio sin nadie, vi en un gabinete de Alkmaar un globo terráqueo entre dos espejos que lo multiplican sin fin, vi caballos de crin arremolinada, en una playa del Mar Caspio en el alba, vi la delicada osatura de una mano, vi a los sobrevivientes de una batalla, enviando tarjetas postales, vi en un **escaparate**[62] de Mirzapur una **baraja**[63] española, vi las sombras oblicuas de unos helechos en el suelo de un invernáculo, vi tigres, émbolos, bisontes, **marejadas**[64] y ejércitos, vi todas las **hormigas**[65] que hay en la tierra, vi un astrolabio persa, vi en un cajón del escritorio (y la letra me hizo temblar) cartas

---

[60] **vetas**—streaks, veins.

[61] **vereda**—path.

[62] **escaparate**—glass cabinet.

[63] **baraja**—deck, pack of cards.

[64] marejadas—ocean swells.

[65] **hormigas**—ants.

obscenas, increíbles, precisas, que Beatriz había dirigido a Carlos Argentino, vi un adorado monumento en la Chacarita, vi la reliquia atroz de lo que deliciosamente había sido Beatriz Viterbo, vi la circulación de mi oscura sangre, vi el **engranaje**[66] del amor y la modificación de la muerte, vi el Aleph, desde todos los puntos, vi en el Aleph la tierra, y en la tierra otra vez el Aleph y en el Aleph la tierra, vi mi cara y mis vísceras, vi tu cara, y sentí vértigo y lloré, porque mis ojos habían visto ese objeto secreto y conjetural, cuyo nombre usurpan los hombres, pero que ningún hombre ha mirado: el inconcebible universo.

Sentí infinita veneración, infinita lástima.

—Tarumba habrás quedado de tanto curiosear donde no te llaman —dijo una voz aborrecida y jovial—. Aunque te devanes los **sesos**,[67] no me pagarás en un siglo esta revelación. ¡Qué observatorio formidable, che Borges!

Los zapatos de Carlos Argentino ocupaban el escalón más alto. En la brusca penumbra, acerté a levantarme y a balbucear:

—Formidable. Sí, formidable.

La indiferencia de mi voz me extrañó. Ansioso, Carlos Argentino insistía:

—¿Lo viste todo bien, en colores?

En ese instante concebí mi venganza. Benévolo, manifiestamente **apiadado**,[68] nervioso, evasivo, agradecí a Carlos Argentino Daneri la hospitalidad de su sótano y lo insté a aprovechar la demolición de la casa para alejarse de la perniciosa metrópoli, que a nadie ¡créame, que a nadie! perdona. Me negué, con suave energía, a discutir el Aleph; lo abracé, al despedirme, y le repetí que el campo y la serenidad son dos grandes médicos.

---

[66] **engranaje**—mechanism, cog, machination.

[67] **sesos**—brains (*devanar los sesos*: to rack one's brains).

[68] **apiadado**—moved to pity.

En la calle, en las escaleras de Constitución, en el subterráneo, me parecieron familiares todas las caras. Temí que no quedara una sola cosa capaz de sorprenderme, temí que no me abandonara jamás la impresión de volver. Felizmente, al cabo de unas noches de insomnio, me trabajó otra vez el olvido.

Posdata del primero de marzo de 1943. A los seis meses de la demolición del inmueble de la calle Garay, la Editorial Procusto no se dejó **arredrar**[69] por la longitud del considerable poema y lanzó al mercado una selección de «trozos argentinos». Huelga repetir lo ocurrido; Carlos Argentino Daneri recibió el Segundo Premio Nacional de Literatura.* El primero fue otorgado al doctor Aita; el tercero, al doctor Mario Bonfanti; increíblemente, mi obra *Los naipes del tahúr* no logró un solo voto. ¡Una vez más, triunfaron la incomprensión y la envidia! Hace ya mucho tiempo que no consigo ver a Daneri; los diarios dicen que pronto nos dará otro volumen. Su afortunada pluma (no **entorpecida**[70] ya por el Aleph) se ha consagrado a versificar los epítomes del doctor Acevedo Díaz.

Dos observaciones quiero agregar: una, sobre la naturaleza del Aleph; otra, sobre su nombre. Éste, como es sabido, es el de la primera letra del alfabeto de la lengua sagrada.[71] Su aplicación al disco de mi historia no parece casual. Para la Cábala, esa letra significa el En Soph, la ilimitada y pura divinidad; también se dijo que tiene la forma de un hombre que señala el cielo y la tierra, para indicar que el mundo inferior es el espejo y es el mapa del superior; para la *Mengenlehre,* es el

---

*   «Recibí tu apenada congratulación», me escribió. «Bufas, mi lamentable amigo, de envidia, pero confesarás —¡aunque te ahogue!— que esta vez pude coronar mi bonete con la más roja de las plumas; mi turbante, con el más *califa* de los rubíes.»

[69] **arredrar**—to get frightened.

[70] **entorpecida**—hindered, obstructed.

[71] la lengua sagrada—sacred language; here, Hebrew.

símbolo de los números transfinitos, en los que el todo no es mayor que alguna de las partes. Yo querría saber: ¿Eligió Carlos Argentino ese nombre, o lo leyó, *aplicado a otro punto donde convergen todos los puntos,* en alguno de los textos innumerables que el Aleph de su casa le reveló? Por increíble que parezca, yo creo que hay (o que hubo) otro Aleph, yo creo que el Aleph de la calle Garay era un falso Aleph.

Doy mis razones. Hacia 1867 el capitán Burton ejerció en el Brasil el cargo de cónsul británico; en julio de 1942 Pedro Henríquez Ureña descubrió en una biblioteca de Santos un manuscrito suyo que versaba sobre el espejo que atribuye el Oriente a Iskandar Zu al-Karnayn, o Alejandro Bicorne de Macedonia. En su cristal se reflejaba el universo entero. Burton menciona otros artificios congéneres —la séptuple copa de Kai Josrú, el espejo que Tárik Benzeyad encontró en una torre (*1001 Noches,* 272), el espejo que Luciano de Samosata pudo examinar en la luna (*Historia Verdadera,* 1, 26), la **lanza**[72] especular que el primer libro del *Satyricon* de Capella atribuye a Júpiter, el espejo universal de Merlín, «redondo y hueco y semejante a un mundo de vidrio» (*The Faerie Queene,* III, 2, 19)—, y añade estas curiosas palabras: «Pero los anteriores (además del defecto de no existir) son meros instrumentos de óptica. Los **fieles**[73] que concurren a la mezquita de Amr, en el Cairo, saben muy bien que el universo está en el interior de una de las columnas de piedra que rodean el patio central... Nadie, claro está, puede verlo, pero quienes acercan el **oído**[74] a la superficie, declaran percibir, al poco tiempo, su **atareado**[75] rumor... La mezquita data del siglo VII; las columnas proceden de otros templos de religiones

---

[72] **lanza**—spear, lance.
[73] **fieles**—faithful.
[74] **oído**—ear.
[75] **atareado**—busy, rushed.

anteislámicas, pues como ha escrito Abenjaldún: *En las repúblicas fundadas por nómadas es indispensable el concurso de **forasteros**[76] para todo lo que sea **albañilería**».*[77]

¿Existe ese Aleph en lo íntimo de una piedra? ¿Lo he visto cuando vi todas las cosas y lo he olvidado? Nuestra mente es porosa para el olvido; yo mismo estoy falseando y perdiendo, bajo la trágica erosión de los años, los rasgos de Beatriz.

A Estela Canto

---

[76] **forasteros**—strangers, foreigners.
[77] **albañilería**—building, bricklaying.

PREGUNTAS

1. ¿Quién es el narrador de este cuento? ¿Cómo lo sabes? ¿Quién es el protagonista?

2. ¿De quiénes y de qué se burla el autor a lo largo de este cuento? Ilustra tu respuesta con ejemplos del texto.

3. ¿Qué opinión tiene el narrador sobre el poema que piensa publicar Carlos Argentino? Ilustra tu respuesta con ejemplos del texto.

4. ¿Qué es el Aleph y qué representa? ¿Cómo reacciona Borges ante su descubrimiento?

5. Al final del cuento Borges cuestiona la autenticidad del Aleph que Carlos Argentino guardó celosamente. ¿Por qué crees que Borges lo hace?

El muerto

Lleno de color local, este cuento trata algunos de los temas favoritos de Borges: el valor y el coraje. El personaje central es un compadrito que sueña con ser el jefe de un grupo de contrabandistas. Un narrador resume la historia de su intento de ganar más poder.

Que un hombre del suburbio de Buenos Aires, que un triste compadrito sin más virtud que la infatuación del coraje, se interne en los desiertos ecuestres de la frontera del Brasil y llegue a capitán de contrabandistas, parece de antemano imposible. A quienes lo entienden así, quiero contarles el destino de Benjamín Otálora, de quien acaso no perdura un recuerdo en el barrio de Balvanera y que murió en su ley, de un balazo, en los confines de Rio Grande do Sul. Ignoro los detalles de su aventura; cuando me sean revelados, he de rectificar y ampliar estas páginas. Por ahora, este resumen puede ser útil.

Benjamín Otálora cuenta, hacia 1891, diecinueve años. Es un mocetón[1] de frente **mezquina**,[2] de sinceros ojos claros, de **reciedumbre**[3] vasca;[4] una puñalada feliz le ha revelado que es un hombre valiente; no lo inquieta la muerte de su contrario, tampoco la inmediata necesidad de huir de la República. El caudillo de la parroquia le da una carta para un tal Azevedo Bandeira, del Uruguay. Otálora se embarca, la travesía es tormentosa y **crujiente**;[5] al otro día, vaga por las calles de Montevideo, con inconfesada y tal vez ignorada tristeza. No da con Azevedo Bandeira; hacia la medianoche, en un almacén del Paso del Molino, asiste a un **altercado**[6] entre unos troperos.[7] Un cuchillo relumbra; Otálora no sabe de qué lado está la razón, pero lo atrae el puro sabor del peligro, como a otros la baraja o la música. Para, en el **entrevero**,[8] una puñalada baja que un peón le tira a un hombre de **galera**[9] oscura y de poncho. Éste, después, resulta ser Azevedo Bandeira. (Otálora, al saberlo, rompe la carta, porque prefiere debérselo todo a sí mismo.) Azevedo Bandeira da, aunque **fornido**,[10] la injustificable impresión de ser contrahecho; en su rostro, siempre demasiado cercano, están el judío, el negro y el indio; en su **empaque**,[11] el mono y el tigre; la cicatriz que le atraviesa la cara es un adorno más, como el negro bigote cerdoso.

---

[1] mocetón—physcially fit young man.

[2] **mezquina**—meager, poor.

[3] **reciedumbre**—strength, vigor.

[4] vasca—Basque; of the Basque region of Spain.

[5] **crujiente**—crackling.

[6] **altercado**—dispute, fight.

[7] troperos—cattle drivers.

[8] **entrevero**—jumble, mix-up.

[9] **galera**—top hat.

[10] **fornido**—husky, robust.

[11] **empaque**—presence, bearing.

Proyección o error del alcohol, el altercado cesa con la misma rapidez con que se produjo, Otálora bebe con los troperos y luego los acompaña a una **farra**[12] y luego a un caserón en la Ciudad Vieja, ya con el sol bien alto. En el último patio, que es de tierra, los hombres tienden su recado para dormir. Oscuramente, Otálora compara esa noche con la anterior; ahora ya pisa tierra firme, entre amigos. Lo inquieta algún **remordimiento**,[13] eso sí, de no **extrañar**[14] a Buenos Aires. Duerme hasta la oración, cuando lo despierta el paisano que **agredió**,[15] borracho, a Bandeira, (Otálora recuerda que ese hombre ha compartido con los otros la noche de tumulto y de júbilo y que Bandeira lo sentó a su derecha y lo obligó a seguir bebiendo.) El hombre le dice que el patrón lo manda buscar. En una suerte de escritorio que da al **zaguán**[16] (Otálora nunca ha visto un zaguán con puertas laterales) está esperándolo Azevedo Bandeira, con una clara y desdeñosa mujer de pelo colorado.[17] Bandeira lo pondera, le ofrece una copa de caña, le repite que le está pareciendo un hombre animoso, le propone ir al Norte con los demás a traer una tropa. Otálora acepta; hacia la madrugada están en camino, rumbo a Tacuarembó.

Empieza entonces para Otálora una vida distinta, una vida de vastos amaneceres y de jornadas que tienen el olor del caballo. Esa vida es nueva para él, y a veces atroz, pero ya está en su sangre, porque lo mismo que los hombres de otras naciones veneran y presienten el mar, así nosotros (también el hombre que entreteje estos símbolos) **ansiamos**[18] la **llanura**[19] inagotable que resuena bajo los cascos. Otálora se ha criado en los barrios

---

[12] **farra**—spree.
[13] **remordimiento**—remorse.
[14] **extrañar**—to miss, to long for.
[15] **agredió**—assaulted, attacked.
[16] **zaguán**—entrance hall.
[17] pelo colorado—red hair.
[18] **ansiamos**—long for.
[19] **llanura**—prairie, plain.

del carrero y del cuarteador; antes de un año se hace gaucho. Aprende a **jinetear**[20], a entropillar la hacienda, a carnear, a manejar el **lazo**[21] que sujeta y las boleadoras[22] que tumban, a resistir el sueño, las tormentas, las heladas y el sol, a arrear[23] con el silbido y el grito. Sólo una vez, durante ese tiempo de aprendizaje, ve a Azevedo Bandeira, pero lo tiene muy presente, porque ser *hombre de Bandeira* es ser considerado y temido, y porque, ante cualquier hombrada, los gauchos dicen que Bandeira lo hace mejor. Alguien opina que Bandeira nació del otro lado del Cuareim, en Rio Grande do Sul; eso, que debería rebajarlo, oscuramente lo enriquece de selvas populosas, de ciénagas, de inextricables y casi infinitas distancias. Gradualmente, Otálora entiende que los negocios de Bandeira son múltiples y que el principal es el contrabando.[24] Ser tropero es ser un sirviente; Otálora se propone ascender a contrabandista. Dos de los compañeros, una noche, cruzarán la frontera para volver con unas partidas de caña; Otálora provoca a uno de ellos, lo **hiere**[25] y toma su lugar. Lo mueve la ambición y también una oscura fidelidad. *Que el hombre* (piensa) *acabe por entender que yo valgo más que todos sus orientales juntos.*

Otro año pasa antes que Otálora regrese a Montevideo. Recorren las orillas, la ciudad (que a Otálora le parece muy grande); llegan a casa del patrón; los hombres tienden los recados en el último patio. Pasan los días y Otálora no ha visto a Bandeira. Dicen, con temor, que está enfermo; un moreno suele subir a su dormitorio con la caldera[26] y con el mate. Una tarde,

---

[20] **jinetear**—to tame a horse.

[21] **lazo**—lasso.

[22] boleadores—ropes used by gauchos to picket grazing horses or mules.

[23] arrear—to rustle (livestock).

[24] contrabando—the smuggling of illegal goods.

[25] **hiere**—wounds.

[26] caldera—caldron, boiler.

le **encomiendan**[27] a Otálora esa tarea. Éste se siente vagamente humillado pero satisfecho también.

El dormitorio es **desmantelado**[28] y oscuro. Hay un balcón que mira al poniente, hay una larga mesa con un resplandeciente desorden de taleros, de arreadores, de cintos, de armas de fuego y de armas blancas, hay un remoto espejo que tiene la luna empañada. Bandeira yace boca arriba; sueña y se queja; una vehemencia de sol último lo define. El vasto lecho blanco parece disminuirlo y oscurecerlo; Otálora nota las canas, la fatiga, la flojedad, las **grietas**[29] de los años. Lo **subleva**[30] que los esté mandando ese viejo. Piensa que un golpe bastaría para dar cuenta de él. En eso, ve en el espejo que alguien ha entrado. Es la mujer de pelo rojo; está a medio vestir y descalza y lo observa con fría curiosidad. Bandeira se incorpora; mientras habla de cosas de la campaña y **despacha**[31] mate tras mate, sus dedos juegan con las **trenzas**[32] de la mujer. Al fin, le da licencia a Otálora para irse.

Días después, les llega la orden de ir al Norte. Arriban a una estancia perdida, que está como en cualquier lugar de la interminable llanura. Ni árboles ni un **arroyo**[33] la alegran, el primer sol y el último la golpean. Hay corrales de piedra para la hacienda, que es **guampuda**[34] y **menesterosa**.[35] *El Suspiro* se llama ese pobre establecimiento.

Otálora oye en rueda de peones que Bandeira no tardará en llegar de Montevideo. Pregunta por qué;

---

[27] **encomiendan**—entrust, charge.

[28] **desmantelado**—dismantled; in disarray.

[29] **grietas**—crevices, lines.

[30] **subleva**—arouses, excites.

[31] **despacha**—dispatches.

[32] **trenzas**—tresses; locks of hair.

[33] **arroyo**—brook.

[34] guampuda—full of animals.

[35] menesterosa—needy; in need of repair.

alguien aclara que hay un forastero agauchado que está queriendo mandar demasiado. Otálora comprende que es una broma, pero le halaga que esa broma ya sea posible. Averigua, después, que Bandeira se ha enemistado con uno de los jefes políticos y que éste le ha retirado su apoyo. Le gusta esa noticia.

Llegan cajones de armas largas; llegan una jarra y una **palangana**[36] de plata para el **aposento**[37] de la mujer; llegan cortinas de intrincado damasco; llega de las cuchillas, una mañana, un jinete sombrío, de barba cerrada y de poncho. Se llama Ulpiano Suárez y es el *capanga* o guardaespaldas de Azevedo Bandeira. Habla muy poco y de una manera abrasilerada.[38] Otálora no sabe si atribuir su reserva a hostilidad, a desdén o a mera **barbarie**.[39] Sabe, eso sí, que para el plan que está maquinando tiene que ganar su amistad.

Entra después en el destino de Benjamín Otálora un colorado[40] **cabos**[41] negros que trae del sur Azevedo Bandeira y que luce apero[42] **chapeado**[43] y carona[44] con bordes de piel de tigre. Ese caballo liberal es un símbolo de la autoridad del patrón y por eso lo **codicia**[45] el muchacho, que llega también a desear, con deseo **rencoroso**,[46] a la mujer de pelo resplandeciente. La mujer, el apero y el colorado son atributos o adjetivos de un hombre que él aspira a destruir.

---

[36] **palangana**—washbowl.

[37] **aposento**—room.

[38] abrasilerada—marked by a Brazilian accent.

[39] **barbarie**—brutality, savagery.

[40] colorado—sorrel; a browish-colored horse.

[41] **cabos**—mane.

[42] apero—riding gear.

[43] **chapeado**—inlaid with metal.

[44] carona—saddle bag.

[45] **codicia**—covets.

[46] **rencoroso**—rancorous; marked by long-lasting resentment.

Aquí la historia se complica y se **ahonda**.[47] Azevedo Bandeira es **diestro**[48] en el arte de la intimidación progresiva, en la satánica maniobra de humillar al interlocutor gradualmente, combinando veras y burlas; Otálora resuelve aplicar ese método ambiguo a la dura tarea que se propone. Resuelve suplantar, lentamente, a Azevedo Bandeira. Logra, en jornadas de peligro común, la amistad de Suárez. Le confía su plan; Suárez le promete su ayuda. Muchas cosas van aconteciendo después, de las que sé unas pocas. Otálora no obedece a Bandeira; da en olvidar, en corregir, en invertir sus órdenes. El universo parece conspirar con él y apresura los hechos. Un mediodía, ocurre en campos de Tacuarembó un **tiroteo**[49] con gente riograndense; Otálora usurpa el lugar de Bandeira y manda a los orientales. Le atraviesa el hombro una bala, pero esa tarde Otálora regresa al *Suspiro* en el colorado del jefe y esa tarde unas gotas de su sangre manchan la piel de tigre y esa noche duerme con la mujer de pelo reluciente. Otras versiones cambian el orden de estos hechos y niegan que hayan ocurrido en un solo día.

Bandeira, sin embargo, siempre es nominalmente el jefe. Da órdenes que no se ejecutan; Benjamín Otálora no lo toca, por una mezcla de rutina y de lástima.

La última escena de la historia corresponde a la agitación de la última noche de 1894. Esa noche, los hombres del *Suspiro* comen cordero recién carneado y beben un alcohol **pendenciero**;[50] alguien infinitamente rasguea una trabajosa milonga. En la cabecera de la mesa, Otálora, borracho, erige exultación sobre exultación, júbilo sobre júbilo; esa torre de vértigo es un símbolo de su irresistible destino. Bandeira, taciturno

---

[47] **ahonda**—deepens.

[48] **diestro**—skillful, dextrous.

[49] **tiroteo**—shooting.

[50] **pendenciero**—likely to incite an argument.

entre los que gritan, deja que fluya **clamorosa**[51] la noche. Cuando las doce campanadas resuenan, se levanta como quien recuerda una obligación. Se levanta y golpea con suavidad a la puerta de la mujer. Ésta le abre en seguida, como si esperara el llamado. Sale a medio vestir y descalza. Con una voz que se afemina y se arrastra, el jefe le ordena:

—Ya que vos y el porteño se quieren tanto, ahora mismo le vas a dar un beso a vista de todos.

Agrega una circunstancia brutal. La mujer quiere resistir, pero dos hombres la han tomado del brazo y la echan sobre Otálora. **Arrasada**[52] en lágrimas, le besa la cara y el pecho. Ulpiano Suárez ha **empuñado**[53] el revólver. Otálora comprende, antes de morir, que desde el principio lo han traicionado, que ha sido condenado a muerte, que le han permitido el amor, el mando y el triunfo, porque ya lo daban por muerto, porque para Bandeira ya estaba muerto.

Suárez, casi con desdén, hace fuego.

---

[51] **clamorosa**—clamorous, uproarious.
[52] **Arrasada**—filled.
[53] **empuñado**—clutched, grasped.

PREGUNTAS

1. ¿Cómo es Benjamín Otálora? ¿Qué diferencias hay entre él y Azevedo Bandeira?

2. ¿Por qué quiere Otálora conseguir el colorado, el apero y la mujer pelirroja? ¿Qué simbolizan?

3. ¿Es el fracaso de Otálora previsible? ¿Que sucesos pueden indicar el desenlacé?

4. Compara este cuento con los otros que has leído de Borges. ¿Qué elementos distintos tiene éste?

El Sur

Éste es uno de los cuentos de Borges con más contenido auto-
biográfico. El protagonista, Juan Dahlmann, es, por nombre, mitad
argentino y mitad europeo. Dahlmann resulta herido en un
incidente que le pasó al propio Borges, un accidente en una
escalera. El lector puede interpretar lo que le sucede a Dahlmann
después del accidente como un sueño o como la "realidad". De
todas maneras, Dahlmann se enfrenta con una situación que pone
en duda su carácter argentino.

El hombre que desembarcó en Buenos Aires en 1871
se llamaba Johannes Dahlmann y era pastor de la iglesia
evangélica; en 1939, uno de sus nietos, Juan Dahlmann,
era secretario de una biblioteca municipal en la calle
Córdoba y se sentía hondamente argentino. Su abuelo
materno había sido aquel Francisco Flores, del 2 de
infantería de línea, que murió en la **frontera**[1] de Buenos
Aires, lanceado por indios de Catriel; en la discordia de
sus dos linajes, Juan Dahlmann (tal vez a impulsos de la
sangre germánica) eligió el de ese antepasado romántico,

---

[1] **frontera**—border, frontier.

o de muerte romántica. Un estuche con el daguerrotipo[2] de un hombre inexpresivo y barbado, una vieja espada, la dicha y el coraje de ciertas músicas, el hábito de estrofas del *Martín Fierro*, los años, el desgano y la soledad, fomentaron ese criollismo algo voluntario pero nunca ostentoso. A costa de algunas privaciones, Dahlmann había logrado salvar el casco de una estancia en el Sur, que fue de los Flores; una de las costumbres de su memoria era la imagen de los eucaliptos balsámicos y de la larga casa rosada que alguna vez fue carmesí. Las tareas y acaso la indolencia lo retenían en la ciudad. Verano tras verano se contentaba con la idea abstracta de posesión y con la **certidumbre**[3] de que su casa estaba esperándolo, en un sitio preciso de la llanura. En los últimos días de febrero de 1939, algo le aconteció.

Ciego a las culpas, el destino puede ser **despiadado**[4] con las mínimas distracciones. Dahlmann había conseguido, esa tarde, un ejemplar descabalado de las *Mil y una noches,* de Weil; ávido de examinar ese hallazgo, no esperó que bajara el ascensor y subió con apuro las escaleras; algo en la oscuridad le **rozó**[5] la **frente**[6] ¿un murciélago, un pájaro? En la cara de la mujer que le abrió la puerta vio grabado el horror, y la mano que se pasó por la frente salió roja de sangre. La **arista**[7] de un **batiente**[8] recién pintado que alguien se olvidó de cerrar le habría hecho esa herida. Dahlmann logró dormir, pero a la madrugada estaba despierto y desde aquella hora el sabor de todas las cosas fue atroz. La **fiebre**[9] lo gastó y las ilustraciones de las *Mil y una noches* sirvieron

---

[2] daguerrotipo—daguerreotype; an early photographic process with the image made on a light-sensitive silver-coated metallic plate.

[3] **certidumbre**—certainty.

[4] **despiadado**—ruthless, savage, heartless.

[5] **rozó**—touched, brushed.

[6] **frente**—forehead, brow.

[7] **arista**—edge, ridge.

[8] batiente—double-leafed door.

[9] **fiebre**—fever.

para decorar pesadillas. Amigos y parientes lo visitaban y con exagerada sonrisa le repetían que lo hallaban muy bien. Dahlmann los oía con una especie de débil estupor y le maravillaba que no supieran que estaba en el infierno. Ocho días pasaron, como ocho siglos. Una tarde, el médico habitual se presentó con un médico nuevo y lo condujeron a un sanatorio de la calle Ecuador, porque era indispensable sacarle una radiografía. Dahlmann, en el coche de plaza que los llevó, pensó que en una habitación que no fuera la suya podría, al fin, dormir. Se sintió feliz y conversador; en cuanto llegó, lo desvistieron, le raparon la cabeza, lo **sujetaron**[10] con metales a una camilla, lo iluminaron hasta la ceguera y el vértigo, lo auscultaron y un hombre enmascarado le clavó una aguja en el brazo. Se despertó con náuseas, **vendado**,[11] en una celda que tenía algo de **pozo**[12] y, en los días y noches que siguieron a la operación pudo entender que apenas había estado, hasta entonces, en un arrabal del infierno. El hielo no dejaba en su boca el menor rastro de frescura. En esos días, Dahlmann minuciosamente se odió; odió su identidad, sus necesidades corporales, su humillación, la barba que le erizaba la cara. Sufrió con estoicismo las curaciones, que eran muy dolorosas, pero cuando el **cirujano**[13] le dijo que había estado a punto de morir de una septicemia,[14] Dahlmann se echó a llorar, condolido de su destino. Las miserias físicas y la incesante previsión de las malas noches no le habían dejado pensar en algo tan abstracto como la muerte. Otro día, el cirujano le dijo que estaba reponiéndose y que, muy pronto, podría ir a convalecer a la estancia. Increíblemente, el día prometido llegó.

---

[10] **sujetaron**—held in place.

[11] **vendado**—bandaged.

[12] **pozo**—well, pit.

[13] **cirujano**—surgeon.

[14] septicemia—septicemia; a systemic disease caused by infection of the blood stream.

A la realidad le gustan las simetrías y los leves anacronismos; Dahlmann había llegado al sanatorio en un coche de plaza y ahora un coche de plaza lo llevaba a Constitución. La primera frescura del otoño, después de la opresión del verano, era como un símbolo natural de su destino rescatado de la muerte y la fiebre. La ciudad, a las siete de la mañana, no había perdido ese aire de casa vieja que le infunde la noche; las calles eran como largos zaguanes, las plazas como patios. Dahlmann la reconocía con felicidad y con un principio de vértigo; unos segundos antes de que las registraran sus ojos, recordaba las esquinas, las carteleras, las modestas diferencias de Buenos Aires. En la luz amarilla del nuevo día, todas las cosas regresaban a él.

Nadie ignora que el Sur empieza del otro lado de Rivadavia. Dahlmann solía repetir que ello no es una convención y que quien atraviesa esa calle entra en un mundo más antiguo y más firme. Desde el coche buscaba entre la nueva edificación, la ventana de rejas, el llamador, el arco de la puerta, el zaguán, el íntimo patio.

En el *hall* de la estación advirtió que faltaban treinta minutos. Recordó bruscamente que en un café de la calle Brasil (a pocos metros de la casa de Yrigoyen) había un enorme gato que se dejaba acariciar por la gente, como una divinidad desdeñosa. Entró. Ahí estaba el gato, dormido. Pidió una taza de café, la endulzó lentamente, la probó (ese placer le había sido vedado en la clínica) y pensó, mientras alisaba el negro pelaje, que aquel contacto era ilusorio y, que estaban como separados por un cristal, porque el hombre vive en el tiempo, en la sucesión, y el mágico animal, en la actualidad, en la eternidad del instante.

A lo largo del penúltimo andén el tren esperaba. Dahlmann recorrió los vagones y dio con uno casi vacío. Acomodó en la red la valija; cuando los coches arrancaron, la abrió y sacó, tras alguna vacilación, el primer tomo de las *Mil y una noches.* Viajar con este libro, tan vinculado a la historia de su desdicha, era una afirmación de que esa desdicha había sido anulada y un desafío alegre y secreto a las frustradas fuerzas del mal.

A los lados del tren, la ciudad se desgarraba en suburbios; esta visión y luego la de jardines y quintas demoraron el principio de la lectura. La verdad es que Dahlmann leyó poco; la montaña de piedra imán y el genio que ha jurado matar a su bienhechor eran, quién lo niega, maravillosos, pero no mucho más que la mañana y que el hecho de ser. La felicidad lo distraía de Shahrazad y de sus milagros superfluos; Dahlmann cerraba el libro y se dejaba simplemente vivir.

El almuerzo (con el **caldo**[15] servido en boles de metal reluciente, como en los ya remotos veraneos de la niñez) fue otro goce tranquilo y agradecido.

Mañana me despertaré en la estancia, pensaba, y era como si a un tiempo fuera dos hombres: el que avanzaba por el día otoñal y por la geografía de la patria, y el otro, encarcelado en un sanatorio y sujeto a metódicas servidumbres. Vio casas de ladrillo sin revocar, esquinadas y largas, infinitamente mirando pasar los trenes; vio jinetes en los terrosos caminos; vio **zanjas**[16] y lagunas y hacienda; vio largas nubes luminosas que parecían de mármol, y todas estas cosas eran casuales, como sueños de la llanura. También creyó reconocer árboles y sembrados que no hubiera podido nombrar, porque su directo conocimiento de la campaña era harto inferior a su conocimiento nostálgico y literario.

Alguna vez durmió y en sus sueños estaba el ímpetu del tren. Ya el blanco sol intolerable de las doce del día era el sol amarillo que precede al anochecer y no tardaría en ser rojo. También el coche era distinto; no era el que fue en Constitución al dejar el andén: la llanura y las horas lo habían atravesado y transfigurado. Afuera

---

[15] **caldo**—clear soup, soup stock.
[16] **zanjas**—ditches, trenches.

la móvil sombra del vagón se alargaba hacia el horizonte. No turbaban la tierra elemental ni poblaciones ni otros signos humanos. Todo era vasto, pero al mismo tiempo era íntimo y, de alguna manera, secreto. En el campo desaforado, a veces no había otra cosa que un toro. La soledad era perfecta y tal vez hostil, y Dahlmann pudo sospechar que viajaba al pasado y no sólo al Sur. De esa conjetura fantástica lo distrajo el inspector, que, al ver su boleto, le advirtió que el tren no lo dejaría en la estación de siempre sino en otra, un poco anterior y apenas conocida por Dahlmann. (El hombre añadió una explicación que Dahlmann no trató de entender ni siquiera de oír, porque el mecanismo de los hechos no le importaba.) El tren laboriosamente se detuvo, casi en medio del campo. Del otro lado de las vías quedaba la estación, que era poco más que un andén con un **cobertizo**.[17] Ningún vehículo tenían, pero el jefe opinó que tal vez pudiera conseguir uno en un comercio que le indicó a unas diez, doce, cuadras.

Dahlmann aceptó la caminata como una pequeña aventura. Ya se había hundido el sol, pero un esplendor final exaltaba la viva y silenciosa llanura, antes de que la borrara la noche. Menos para no fatigarse que para hacer durar esas cosas, Dahlmann caminaba despacio, aspirando con grave felicidad el olor del trébol.

El almacén, alguna vez, había sido punzó, pero los años habían mitigado para su bien ese color violento. Algo en su pobre arquitectura le recordó un grabado en acero, acaso de una vieja edición de Pablo y Virginia. Atados al **palenque**[18] había unos caballos. Dahlmann, adentro, creyó reconocer al patrón, luego comprendió que lo había engañado su parecido con uno de los empleados del sanatorio. El hombre, oído el caso, dijo que le haría atar la jardinera; para agregar otro hecho a

---

[17] **cobertizo**—shed.
[18] **palenque**—fence, stockade.

aquel día y para llenar ese tiempo, Dahlmann resolvió comer en el almacén.

En una mesa comían y bebían ruidosamente unos muchachones, en los que Dahlmann, al principio, no se fijó. En el suelo, apoyado en el mostrador, se acurrucaba, inmóvil como una cosa, un hombre muy viejo. Los muchos años lo habían reducido y pulido como las aguas a una piedra o las generaciones de los hombres a una sentencia. Era oscuro, chico y reseco, y estaba como fuera del tiempo, en una eternidad. Dahlmann registró con satisfacción la vincha, el poncho de bayeta, el largo chiripá y la bota de potro y se dijo, rememorando inútiles discusiones con gente de los partidos del Norte o con entrerrianos, que gauchos de ésos ya no quedan más que en el Sur.

Dahlmann se acomodó junto a la ventana. La oscuridad fue quedándose con el campo, pero su olor y sus rumores aún le llegaban entre los barrotes de hierro. El patrón le trajo sardinas y después carne asada; Dahlmann las empujó con unos vasos de vino tinto. Ocioso, paladeaba el áspero sabor y dejaba errar la mirada por el local, ya un poco soñolienta. La lámpara de kerosén pendía de uno de los tirantes; los parroquianos de la otra mesa eran tres: dos parecían peones de chacra; otro, de rasgos achinados y torpes, bebía con el chambergo puesto. Dahlmann, de pronto, sintió un leve roce en la cara. Junto al vaso ordinario de vidrio turbio, sobre una de las rayas del **mantel**,[19] había una bolita de **miga**.[20] Eso era todo, pero alguien se la había tirado.

Los de la otra mesa parecían ajenos a él. Dahlmann, perplejo, decidió que nada había ocurrido y abrió el volumen de las *Mil* y *una noches*, como para tapar la realidad. Otra bolita lo alcanzó a los pocos minutos, y

---

[19] **mantel**—tablecloth.

[20] **miga**—crumb.

esta vez los peones se rieron. Dahlmann se dijo que no estaba asustado, pero que sería un **disparate**[21] que él, un convaleciente, se dejara arrastrar por desconocidos a una pelea confusa. Resolvió salir; ya estaba de pie cuando el patrón se le acercó y lo exhortó con voz alarmada:

—Señor Dahlmann, no les haga caso a esos mozos, que están medio alegres.

Dahlmann no se extrañó de que el otro, ahora, lo conociera, pero sintió que estas palabras conciliadoras agravaban, de hecho, la situación. Antes, la provocación de los peones era a una cara accidental, casi a nadie; ahora iba contra él y contra su nombre y lo sabrían los vecinos. Dahlmann hizo a un lado al patrón, se enfrentó con los peones y les preguntó qué andaban buscando.

El compadrito de la cara achinada se paró, **tambaleándose**.[22] A un paso de Juan Dahlmann, lo injurió a gritos, como si estuviera muy lejos. Jugaba a exagerar su borrachera y esa exageración era una ferocidad y una burla. Entre malas palabras y obscenidades, tiró al aire un largo cuchillo, lo siguió con los ojos, lo barajó, e invitó a Dahlmann a pelear. El patrón objetó con trémula voz que Dahlmann estaba desarmado. En ese punto, algo imprevisible ocurrió.

Desde un rincón, el viejo gaucho extático, en el que Dahlmann vio una cifra del Sur (del Sur que era suyo), le tiró una **daga**[23] desnuda que vino a caer a sus pies. Era como si el Sur hubiera resuelto que Dahlmann aceptara el duelo. Dahlmann se inclinó a recoger la daga y sintió dos cosas. La primera, que ese acto casi instintivo lo comprometía a pelear. La segunda, que el arma, en su mano torpe, no serviría para defenderlo, sino para justificar que lo mataran. Alguna vez había jugado con

---

[21] **disparate**—silly or stupid action.

[22] **tambaleándose**—staggering, tottering, reeling.

[23] **daga**—dagger.

un **puñal**,[24] como todos los hombres, pero su **esgrima**[25] no pasaba de una noción de que los golpes deben ir hacia arriba y con el **filo**[26] para adentro. *No hubieran permitido en el sanatorio que me pasaran estas cosas,* pensó.

—Vamos saliendo —dijo el otro.

Salieron, y si en Dahlmann no había esperanza, tampoco había temor. Sintió, al atravesar el umbral, que morir en una pelea a cuchillo, a cielo abierto y acometiendo, hubiera sido una liberación para él, una felicidad y una fiesta, en la primera noche del sanatorio, cuando le clavaron la aguja. Sintió que si él, entonces, hubiera podido elegir o soñar su muerte, ésta es la muerte que hubiera elegido o soñado.

Dahlmann empuña con firmeza el cuchillo, que acaso no sabrá manejar, y sale a la llanura.

---

[24] **puñal**—dagger.

[25] **esgrima**—swordsmanship.

[26] **filo**—blade, cutting edge.

PREGUNTAS

1. Describe la personalidad del protagonista y sus sentimientos hacia su patria. Ilustra tu respuesta con ejemplos del texto.

2. ¿Qué elementos del relato y/o circunstancias del protagonista te llevan a intuir que se trata de un relato autobiográfico?

3. ¿Cómo describe el protagonista su experiencia en el hospital?

4. ¿Crees que las aventuras que le suceden a Dahlmann después de salir del hospital son realidad o producto de su imaginación? Razona tu respuesta.

La memoria
de Shakespeare

En este relato fantástico se cuenta la historia de Hermann Soergel, un profesor de literatura al que un colega le ofrece la oportunidad de poseer la memoria de Shakespeare. Soergel acepta y, desde ese momento, presenciamos su lucha primero por revivir la memoria de Shakespeare y después por desprenderse de ella. A través de esta trama Borges plantea el esfuerzo imposible que supone intentar comprender la obra de un autor a través de su biografía y nos revela la necesidad de estudiar la literatura desde el texto mismo.

Hay devotos de Goethe, de las Eddas y del tardío cantar de los Nibelungos; Shakespeare ha sido mi destino. Lo es aún, pero de una manera que nadie pudo haber **presentido**,[1] salvo un solo hombre, Daniel Thorpe, que acaba de morir en Pretoria. Hay otro cuya cara no he visto nunca.

Soy Hermann Soergel. El curioso lector ha hojeado quizá mi "Cronología de Shakespeare", que alguna vez

---

[1] **presentido**—foreseen.

creí necesaria para la buena inteligencia del texto y que fue traducida a varios idiomas, incluso el castellano. No es imposible que recuerde asimismo una prolongada polémica sobre cierta **enmienda**[2] que Theobald **intercaló**[3] en su edición crítica de 1734 y que desde esa fecha es parte indiscutida del canon. Hoy me sorprende el tono incivil de aquellas casi ajenas páginas. Hacia 1914 redacté, y no di a la imprenta, un estudio sobre las palabras compuestas que el helenista y dramaturgo George Chapman forjó para sus versiones homéricas y que retrotraen el inglés, sin que él pudiera sospecharlo, a su origen (*Urprung*) anglosajón. No pensé nunca que su voz, que he olvidado ahora, me sería familiar. . . Alguna separata firmada con iniciales completa, creo, mi biografía literaria. No sé si es lícito agregar una versión inédita de Macbeth, que emprendí para no seguir pensando en la muerte de mi hermano Otto Julius, que cayó en el frente occidental en 1917. No la concluí; comprendí que el inglés dispone, para su bien, de dos registros —el germánico y el latino— en tanto que nuestro alemán, pese a su mejor música, debe limitarse a uno solo.

He nombrado ya a Daniel Thorpe. Me lo presentó el mayor Barclay, en cierto congreso shakespiriano. No diré el lugar, ni la fecha; sé harto bien que tales precisiones son, en realidad, vaguedades.

Más importante que la cara de Daniel Thorpe, que mi **ceguera**[4] parcial me ayuda a olvidar, era su notoria desdicha. Al cabo de los años, un hombre puede simular muchas cosas pero no la felicidad. De un modo casi físico, Daniel Thorpe exhalaba melancolía.

---

[2] **enmienda**—correction, amendment.
[3] **intercaló**—intercalated, inserted.
[4] **ceguera**—blindness.

Después de una larga sesión, la noche nos halló en una taberna cualquiera. Para sentirnos en Inglaterra (donde ya estábamos) **apuramos**[5] en rituales jarros de **peltre**[6] cerveza tibia y negra.

—En el Punjab —dijo el mayor— me indicaron un **pordiosero**.[7] Una tradición del Islam atribuye al rey Salomón una **sortija**[8] que le permitía entender la lengua de los pájaros. Era fama que el pordiosero tenía en su poder la sortija. Su valor era tan inapreciable que no pudo nunca venderla y murió en uno de los patios de la **mezquita**[9] de Wazil Khan, en Lahore.

Pensé que Chaucer no desconocía la fábula del prodigioso anillo, pero decirlo hubiera sido estropear la anécdota de Barclay.

—¿Y la sortija? —pregunté.

—Se perdió, según la costumbre de los objetos mágicos. Quizás esté ahora en algún escondrijo de la mezquita o en la mano de un hombre que vive en un lugar donde faltan pájaros.

—O donde hay tantos —dije— que lo que dicen se confunde. Su historia, Barclay, tiene algo de parábola.

Fue entonces cuando habló Daniel Thorpe. Lo hizo de un modo impersonal, sin mirarnos. Pronunciaba el inglés de un modo peculiar, que atribuí a una larga estadía en el Oriente.

—No es una parábola —dijo—, y si lo es, es verdad. Hay cosas de valor tan inapreciable que no pueden venderse.

Las palabras que trato de reconstruir me impresionaron menos que la convicción con que las dijo Daniel Thorpe. Pensamos que diría algo más, pero

---

[5] **apuramos**—we drained.

[6] **peltre**—pewter.

[7] **pordiosero**—beggar.

[8] **sortija**—ring.

[9] mezquita—mosque; a Muslim house of worship.

de golpe[10] se calló, como **arrepentido**.[11] Barclay se despidió. Los dos volvimos juntos al hotel. Era ya muy tarde, pero Daniel Thorpe me propuso que prosiguiéramos la charla en su habitación. Al cabo de algunas trivialidades, me dijo:

—Le ofrezco la sortija del rey. Claro está que se trata de una metáfora, pero lo que esa metáfora cubre no es menos prodigioso que la sortija. Le ofrezco la memoria de Shakespeare desde los días más pueriles y antiguos hasta los del principio de abril de 1616.

No acerté a pronunciar una palabra. Fue como si me ofrecieran el mar.

Thorpe continuó:

—No soy un impostor. No estoy loco. Le ruego que suspenda su juicio hasta haberme oído. El mayor le habrá dicho que soy, o era, médico militar. La historia cabe en pocas palabras. Empieza en el Oriente, en un hospital de sangre, en el alba. La precisa fecha no importa. Con su última voz, un soldado **raso**,[12] Adam Clay, a quien habían alcanzado dos descargas de rifle, me ofreció, poco antes del fin, la preciosa memoria. La agonía y la fiebre son inventivas; acepté la oferta sin darle fe. Además, después de una acción de guerra, nada es muy raro. Apenas tuvo tiempo de explicarme las singulares condiciones del don. El poseedor tiene que ofrecerlo en voz alta y el otro que aceptarlo. El que lo da lo pierde para siempre.

El nombre del soldado y la escena patética de la **entrega**[13] me parecieron literarios, en el mal sentido de la palabra.

Un poco intimidado, le pregunté:

—¿Usted, ahora, tiene la memoria de Shakespeare?

---

[10] **de golpe**—suddenly.

[11] **arrepentido**—apologetic, repentant.

[12] **raso**—private.

[13] **entrega**—delivery, conveyance.

Thorpe contestó:

—Tengo, aún, dos memorias. La mía personal y la de aquel Shakespeare que parcialmente soy. Mejor dicho, dos memorias me tienen. Hay una zona en que se confunden. Hay una cara de mujer que no sé a qué siglo atribuir.

Yo le pregunté entonces:

—¿Qué ha hecho usted con la memoria de Shakespeare?

Hubo un silencio. Después dijo:

—He escrito una biografía novelada que mereció el **desdén**[14] de la crítica y algún éxito comercial en los Estados Unidos y en las colonias. Creo que es todo. Le he prevenido que mi don no es una sinecura. Sigo a la espera de su respuesta.

Me quedé pensando. ¿No había consagrado yo mi vida, no menos incolora que extraña, a la busca de Shakespeare? ¿No era justo que al fin de la jornada diera con él?

Dije, articulando bien cada palabra:

—Acepto la memoria de Shakespeare.

Algo, sin duda, aconteció, pero no lo sentí.

Apenas un principio de fatiga, acaso imaginaria.

Recuerdo claramente que Thorpe me dijo:

—La memoria ya ha entrado en su conciencia, pero hay que descubrirla. Surgirá en los sueños, en la vigilia, al volver las hojas de un libro o al doblar una esquina. No se impaciente usted, no invente recuerdos. El azar puede favorecerlo o demorarlo, según su misterioso modo. A medida que yo vaya olvidando, usted recordará. No le prometo un plazo.

Lo que quedaba de la noche lo dedicamos a discutir el carácter de Shylock.[15] Me abstuve de indagar si Shakespeare había tenido trato personal con judíos. No

---

[14] **desdén**—disdain.

[15] Shylock—character in Shakespeare's *The Merchant of Venice*.

quise que Thorpe imaginara que yo lo sometía a una prueba. Comprobé, no sé si con alivio o con inquietud, que sus opiniones eran tan académicas y tan convencionales como las mías.

A pesar de la vigilia anterior, casi no dormí la noche siguiente. Descubrí, como otras tantas veces, que era un cobarde. Por el temor de ser defraudado, no me entregué a la generosa esperanza. Quise pensar que era ilusorio el presente de Thorpe. Irresistiblemente, la esperanza prevaleció. Shakespeare sería mío, como nadie lo fue de nadie, ni en el amor, ni en la amistad, ni siquiera en el odio. De algún modo yo sería Shakespeare. No escribiría las tragedias ni los intrincados sonetos, pero recordaría el instante en que me fueron reveladas las brujas, que también son las parcas, y aquel otro en que me fueron dadas las vastas líneas:

> *And shake the yoke of inauspicious stars*
> *From this worldweary flesh.*

Recordarla a Anne Hathaway[16] como recuerdo a aquella mujer, ya madura, que me enseñó el amor en un departamento de Lübeck, hace ya tantos años. (Traté de recordarla y sólo pude recobrar el empapelado, que era amarillo, y la claridad que venía de la ventana. Este primer **fracaso**[17] hubiera debido anticiparme los otros.)

Yo había postulado que las imágenes de la prodigiosa memoria serían, ante todo, visuales. Tal no fue el hecho. Días después, al afeitarme, pronuncié ante el espejo unas palabras que me extrañaron y que pertenecían, como un colega me indicó, al A, B, C, de Chaucer. Una tarde, al salir del Museo Británico, silbé una melodía muy simple que no había oído nunca.

---

[16] Anne Hathaway—Shakespeare's wife.
[17] **fracaso**—failure.

Ya habrá advertido el lector el rasgo común de esas primeras revelaciones de una memoria que era, pese al esplendor de algunas metáforas, harto más auditiva que visual.

De Quincey afirma que el cerebro del hombre es un palimpsesto. Cada nueva escritura cubre la escritura anterior y es cubierta por la que sigue, pero la todopoderosa memoria puede exhumar cualquier impresión, por momentánea que haya sido, si le dan el estímulo suficiente. A juzgar por su testamento, no había un solo libro, ni siquiera la Biblia, en casa de Shakespeare, pero nadie ignora las obras que frecuentó. Chaucer, Gower, Spenser, Christopher Marlowe, la Crónica de Holinshed, el Montaigne de Florio, el Plutarco de North. Yo poseía de manera latente la memoria de Shakespeare; la lectura, es decir la relectura, de esos viejos volúmenes sería el estímulo que buscaba. Releí también los sonetos, que son su obra más inmediata. Di alguna vez con la explicación o con las muchas explicaciones. Los buenos versos imponen la lectura en voz alta; al cabo de unos días recobré sin esfuerzo las erres ásperas y las vocales abiertas del siglo dieciséis.

Escribí en la *Zeitschrift für germanische Philologie* que el soneto 127 se refería a la memorable **derrota**[18] de la Armada Invencible. No recordé que Samuel Butler, en 1899, ya había formulado esa tesis.

Una visita a Stratford-on-Avon fue, previsiblemente, estéril.

Después advino la transformación gradual de mis sueños. No me fueron deparadas, como a De Quincey, pesadillas espléndidas, ni piadosas visiones alegóricas, a la manera de su maestro, Jean Paul. Rostros y habitaciones desconocidas entraron en mis noches. El primer rostro que identifiqué fue el de Chapman;

---

[18] **derrota**—defeat.

después, el de Ben Jonson y el de un vecino del poeta, que no figura en las biografías, pero que Shakespeare vería con frecuencia.

Quien adquiere una enciclopedia no adquiere cada línea, cada párrafo, cada página y cada grabado; adquiere la mera posibilidad de conocer alguna de esas cosas. Si ello acontece con un **ente**[19] concreto y relativamente sencillo, dado el orden alfabético de las partes, ¿qué no acontecerá con un ente abstracto y variable, *ondoyant et divers,* como la mágica memoria de un muerto?

A nadie le está dado abarcar en un solo instante la plenitud de su pasado. Ni a Shakespeare, que yo sepa, ni a mí, que fui su parcial **heredero,**[20] nos depararon ese don. La memoria del hombre no es una suma; es un desorden de posibilidades indefinidas. San Agustín, si no me engaño, habla de los palacios y cavernas de la memoria. La segunda metáfora es la más justa. En esas cavernas entré.

Como la nuestra, la memoria de Shakespeare incluía zonas, grandes zonas de sombra rechazadas voluntariamente por él. No sin algún escándalo recordé que Ben Jonson le hacía recitar hexámetros latinos y griegos y que el oído, el incomparable oído de Shakespeare, solía equivocar una cantidad, entre la **risotada**[21] de los **colegas.**[22]

Conocí estados de ventura y de sombra que trascienden la común experiencia humana. Sin que yo lo supiera, la larga y estudiosa soledad me había preparado para la dócil recepción del milagro.

Al cabo de unos treinta días, la memoria del muerto me animaba. Durante una semana de curiosa felicidad, casi creí ser Shakespeare. La obra se renovó para mí.

---

[19] **ente**—entity.

[20] **heredero**—heir.

[21] **risotada**—loud laughter.

[22] **colegas**—colleagues, classmates.

Sé que la luna, para Shakespeare, era menos la luna que Diana y menos Diana que esa obscura palabra que se demora: *moon*. Otro descubrimiento anoté. Las aparentes negligencias de Shakespeare, esas *absence dans l'infini* de que apologéticamente habla Hugo, fueron deliberadas. Shakespeare las toleró, o intercaló, para que su discurso, destinado a la escena, pareciera espontáneo y no demasiado pulido y artificial *(nicht allzu glatt und gekünstelt)*. Esa misma razón lo movió a mezclar sus metáforas

my way of life
Is fall'n into the sear, the yellow leaf.

Una mañana discerní una culpa en el fondo de su memoria. No traté de definirla; Shakespeare lo ha hecho para siempre. Básteme declarar que esa culpa nada tenía en común con la perversión.

Comprendí que las tres facultades del alma humana, memoria, entendimiento y voluntad, no son una ficción escolástica. La memoria de Shakespeare no podía revelarme otra cosa que las circunstancias de Shakespeare. Es evidente que éstas no constituyen la singularidad del poeta; lo que importa es la obra que ejecutó con ese material **deleznable**.[23]

Ingenuamente, yo había premeditado, como Thorpe, una biografía. No tardé en descubrir que ese género literario requiere condiciones de escritor que ciertamente no son mías. No sé narrar. No sé narrar mi propia historia, que es harto más extraordinaria que la de Shakespeare. Además, ese libro sería inútil. El azar o el destino dieron a Shakespeare las triviales cosas terribles que todo hombre conoce; él supo transmutarlas en fábulas, en personajes mucho más vívidos que el hombre gris que los soñó, en versos que no dejarán caer las generaciones, en música verbal. ¿A qué destejer esa

---

[23] **deleznable**—fragile.

red, a qué minar la torre, a qué reducir a las módicas proporciones de una biografía documental o de una novela realista el sonido y la furia de Macbeth?

Goethe constituye, según se sabe, el culto oficial de Alemania; más íntimo es el culto de Shakespeare, que profesamos no sin nostalgia. (En Inglaterra, Shakespeare, que tan lejano está de los ingleses, constituye el culto oficial; el libro de Inglaterra es la Biblia.)

En la primera etapa de la aventura sentí la dicha de ser Shakespeare; en la postrera, la opresión y el terror. Al principio las dos memorias no mezclaban sus aguas. Con el tiempo, el gran río de Shakespeare amenazó, y casi anegó, mi modesto caudal. Advertí con temor que estaba olvidando la lengua de mis padres. Ya que la identidad personal se basa en la memoria, temí por mi razón.

Mis amigos venían a visitarme; me asombró que no percibieran que estaba en el infierno.

Empecé a no entender las cotidianas cosas que me rodeaban *(die alltägliche Umwelt)*. Cierta mañana me perdí entre grandes formas de hierro, de madera y de cristal. Me aturdieron silbatos y clamores. Tardé un instante, que pudo parecerme infinito, en reconocer las máquinas y los vagones de la estación de Bremen.

A medida que transcurren los años, todo hombre está obligado a sobrellevar la creciente carga de su memoria. Dos me **agobiaban**,[24] confundiéndose a veces: la mía y la del otro, incomunicable.

Todas las cosas quieren perseverar en su ser, ha escrito Spinoza. La piedra quiere ser una piedra, el tigre un tigre, yo quería volver a ser Hermann Soergel.

He olvidado la fecha en que decidí liberarme. Di con el método más fácil. En el teléfono marqué números al azar. Voces de niño o de mujer contestaban. Pensé que mi deber era respetarlas. Di al fin con una voz culta de hombre. Le dije:

---

[24] **agobiaban**—overwhelmed.

—¿Quieres la memoria de Shakespeare? Sé que lo que te ofrezco es muy grave. Piénsalo bien.

Una voz incrédula replicó:

—Afrontaré ese riesgo. Acepto la memoria de Shakespeare.

Declaré las condiciones del don. Paradójicamente, sentía a la vez la nostalgia del libro que yo hubiera debido escribir y que me fue vedado escribir y el temor de que el huésped, el espectro, no me dejara nunca.

Colgué el tubo y repetí como una esperanza estas resignadas palabras:

Simply the thing I am shall make me live.

Yo había imaginado disciplinas para despertar la antigua memoria; hube de buscar otras para borrarla. Una de tantas fue el estudio de la mitología de William Blake, discípulo rebelde de Swedenborg. Comprobé que era menos compleja que complicada.

Ese y otros caminos fueron inútiles; todos me llevaban a Shakespeare.

Di al fin con la única solución para poblar la espera: la estricta y vasta música: Bach.

P.S. 1924— Ya soy un hombre entre los hombres. En la vigilia soy el profesor emérito Hermann Soergel, que manejo un fichero y que redacto trivialidades eruditas, pero en el alba sé, alguna vez, que el que sueña es el otro. De tarde en tarde me sorprenden pequeñas y **fugaces**[25] memorias que acaso son auténticas.

---

[25] **fugaces**—fleeting; quickly fading.

PREGUNTAS

1. ¿Crees que hay una relación entre la fábula del anillo de Salomón y el cuento de Borges? Comenta la analogía y explica su función en el texto.

2. Busca citas en el relato que justifiquen la tesis de que es inútil explicar la obra de un autor a través de su vida personal.

3. En este cuento, ¿cómo se presenta el tema de la realidad y el sueño?

Pedro Salvadores

La historia de Pedro Salvadores se ubica en 1852 durante la dictadura de Juan Manuel de Rosas en Argentina. Es un ejemplo de ciertos textos del argentino en los que recuerda a un individuo aislado e insignificante cuyo destino afecta la historia nacional y universal. La figura de Pedro Salvadores está basada en la de un tal José María. Borges quizás escuchó la trama de boca de su madre, Leonor Acevedo.

Quiero dejar escrito, acaso por primera vez, uno de los hechos más raros y más tristes de nuestra historia. Intervenir lo menos posible en su narración, prescindir de adiciones pintorescas y de conjeturas aventuradas es, me parece, la mejor manera de hacerlo.

Un hombre, una mujer y la vasta sombra de un dictador son los tres personajes. El hombre se llamó Pedro Salvadores; mi abuelo Acevedo lo vio, días o semanas después de la batalla de Caseros. Pedro Salvadores, tal vez, no difería del común de la gente, pero su destino y los años lo hicieron único. Sería un señor como tantos otros de su época. Poseería (nos cabe suponer) un establecimiento de campo y era unitario. El apellido de su mujer era Planes; los dos vivían en la calle Suipacha, no lejos de la esquina del Temple. La casa en que los hechos ocurrieron sería igual a las otras: la puerta de calle, el zaguán, la puerta cancel, las habitaciones, la **hondura**[1] de los patios. Una noche, hacia 1842, oyeron el creciente y sordo rumor de los **cascos**[2] de los caballos en la calle de tierra y los vivas y mueras de los jinetes. La **mazorca**,[3] esta vez, no pasó de largo. Al griterío sucedieron los repetidos golpes, mientras los hombres **derribaban**[4] la puerta, Salvadores pudo correr la mesa del comedor, alzar la alfombra y ocultarse en el sótano. La mujer puso la mesa en su lugar. La mazorca irrumpió; venían a llevárselo a Salvadores. La mujer declaró que éste había huido a Montevideo. No le creyeron; la **azotaron**,[5] rompieron toda la **vajilla**[6] celeste, registraron la casa, pero no se les ocurrió levantar la alfombra. A la medianoche se fueron, no sin haber **jurado**[7] volver.

Aquí principia verdaderamente la historia de Pedro Salvadores. Vivió nueve años en el sótano. Por más que nos digamos que los años están hechos de días y los días de horas y que nueve años es un término abstracto y una suma imposible, esa historia es atroz. Sospecho que en la sombra que sus ojos aprendieron a descifrar, no pensaba en nada, ni siquiera en su odio ni en su peligro. Estaba ahí, en el sótano. Algunos ecos de aquel mundo que le estaba vedado le llegarían desde arriba: los pasos habituales de su mujer, el golpe del **brocal**[8] y del **balde**,[9]

---

[1] **hondura**—depth, profundity.

[2] **cascos**—hooves.

[3] mazorca—name given to the Popular Restorer Society, an organization that supported the governor of Buenos Aires, Juan Manuel de Rosas.

[4] **derribaban**—demolished.

[5] **azotaron**—they beat, they whipped.

[6] **vajilla**—set of dishes.

[7] **jurado**—sworn.

[8] **brocal**—edge of a well.

[9] **balde**—bucket, pail.

la pesada lluvia en el patio. Cada día, por lo demás, podía ser el último.

La mujer fue despidiendo a la servidumbre, que era capaz de delatarlos. Dijo a todos los suyos que Salvadores estaba en la Banda Oriental. Ganó el pan de los dos cosiendo para el ejército. En el decurso de los años tuvo dos hijos; la familia la repudió, atribuyéndolos a un amante. Después de la caída del tirano, le pedirían perdón de rodillas.

¿Qué fue, quién fue, Pedro Salvadores? ¿Lo encarcelaron el terror, el amor, la invisible presencia de Buenos Aries y, finalmente, la costumbre? Para que no la dejara sola, su mujer le daría inciertas noticias de conspiraciones y de victorias. Acaso era **cobarde**[10] y la mujer lealmente le ocultó que ella lo sabía. Lo imagino en su sótano, tal vez sin un **candil**,[11] sin un libro. La sombra lo hundiría en el sueño. Soñaría, al principio, con la noche tremenda en que el acero buscaba la garganta, con las calles abiertas, con la llanura. Al cabo de los años no podría huir y soñaría con el sótano. Sería, al principio, un **acosado**,[12] un **amenazado**;[13] después no lo sabremos nunca, un animal tranquilo en su madriguera o una suerte de oscura divinidad.

Todo esto hasta aquel día del verano de 1852 en que Rosas huyó. Fue entonces cuando el hombre secreto salió a la luz del día; mi abuelo habló con él. **Fofo**[14] y obeso, estaba del color de la cera y no hablaba en voz alta. Nunca le devolvieron los campos que le habían sido confiscados; creo que murió en la miseria.

---

[10] **cobarde**—coward.

[11] **candil**—oil lamp, ancient teapot-shaped oil lamp.

[12] **acosado**—pursued (man), harassed (man).

[13] **amenazado**—threatened (man).

[14] **Fofo**—spongy, soft.

Como todas las cosas, el destino de Pedro Salvadores nos parece un símbolo de algo que estamos a punto de comprender.

PREGUNTAS

1. ¿Quién era Pedro Salvadores?

2. ¿Qué le ocurrió? ¿Cuál fue su cruel destino?

3. ¿Cuál es tu reacción personal ante la vida de este hombre?

4. ¿Cómo interpretas el último párrafo del ensayo?

Fundación mítica de Buenos Aires

Este poema es uno de los muchos tributos de Borges a su ciudad natal. Su tema es el origen mitológico de la ciudad, presentado de manera tal que la capital argentina está al mismo nivel que cualquiera de Europa.

¿Y fue por este río de sueñera y de barro
que las proas vinieron a fundarme la patria?
Irían a los tumbos los barquitos pintados
entre los camalotes de la corriente **zaina**.[1]

Pensando bien la cosa, supondremos que el río
era azulejo entonces como **oriundo**[2] del cielo
con su estrellita roja para marcar el sitio
en que **ayunó**[3] Juan Díaz y los indios comieron.

---

[1] **zaina**—black.

[2] **oriundo**—native, born in a certain region.

[3] **ayunó**—fasted.

Lo cierto es que mil hombres y otros mil arribaron
por un mar que tenía cinco lunas de **anchura**[4]
y aun estaba poblado de sirenas y endriagos[5]
y de piedras imanes que enloquecen la brújula.

Prendieron unos ranchos trémulos en la costa,
durmieron extrañados. Dicen que en el Riachuelo,
pero son embelecos fraguados en la Boca.
Fue una manzana entera y en mi barrio:
  en Palermo.

Una manzana entera pero en mitá del campo
presenciada de auroras y lluvias y suestadas.
La manzana pareja que persiste en mi barrio:
Guatemala, Serrano, Paraguay, Gurruchaga.

Un almacén rosado como revés de **naipe**[6]
brilló y en la trastienda conversaron un **truco**;[7]
el almacén rosado floreció en un compadre,
ya patrón de la esquina, ya resentido y duro.

El primer organito salvaba el horizonte
con su **achacoso**[8] **porte**,[9] su habanera y su gringo.
El corralón seguro ya opinaba: YRIGOYEN,
algún piano mandaba tangos de Saborido.

Una cigarrería **sahumó**[10] como una rosa
el desierto. La tarde se había ahondado en ayeres,
los hombres compartieron un pasado ilusorio.
Sólo faltó una cosa: la vereda de enfrente.

A mí se me hace cuento que empezó
  Buenos Aires:
  La juzgo tan eterna como el agua y el aire.

---

[4] **anchura**—width, breadth.

[5] **endriagos**—fictitious monsters with human features and multiple limbs.

[6] **naipe**—playing card.

[7] **truco**—trick, card, conjuring trick.

[8] **achacoso**—sickly, ailing.

[9] **porte**—behavior, comportment, demeanor.

[10] **sahumó**—perfumed.

PREGUNTAS

1. ¿Cuál es el tema de este poema? ¿Qué intención crees que tiene el autor al escribirlo?

2. ¿Ves una evolución histórica a lo largo de las estrofas del poema? Ilustra tu respuesta con ejemplos del texto.

3. ¿Qué parte de la ciudad valora Borges más? ¿Qué imágenes utiliza para demostrar esto?

Poema conjetural

*Este poema está dedicado a un ancestro de Borges, y está
inspirado en el poeta Robert Browning.*

*El doctor Francisco Laprida, asesinado el día 22 de
setiembre de 1829 por los montoneros de Aldao, piensa antes
de morir:*

Zumban[1] las balas en la tarde última.
Hay viento y hay cenizas en el viento,
se dispersan el día y la batalla
deforme, y la victoria es de los otros.
Vencen los bárbaros, los gauchos vencen.
Yo, que estudié las leyes y los cánones,
yo, Francisco Narciso de Laprida,
cuya voz declaró la independencia
de estas crueles provincias, **derrotado**,[2]

---

[1] **Zumban**—whiz by.
[2] **derrotado**—defeated, destroyed.

de sangre y de sudor **manchado**[3] el rostro,
sin esperanza ni temor, perdido,
huyo hacia el Sur por arrabales últimos.

Como aquel capitán del Purgatorio
que, huyendo a pie y ensangrentando el llano,
fue cegado y tumbado por la muerte
donde un oscuro río pierde el nombre,
así habré de caer. Hoy es el término.
La noche lateral de los Pantanos
me acecha y me demora. Oigo los cascos
de mi caliente muerte que me busca
con jinetes, con belfos[4] y con lanzas.

Yo que anhelé ser otro, ser un hombre
de sentencias, de libros, de dictámenes,
a cielo abierto yaceré entre ciénagas;
pero me endiosa el pecho inexplicable
un júbilo secreto. Al fin me encuentro
con mi destino sudamericano.
A esta ruinosa tarde me llevaba
el laberinto múltiple de pasos
que mis días tejieron desde un día
de la niñez. Al fin he descubierto
la recóndita clave de mis años,
la suerte de Francisco de Laprida,
la letra que faltaba, la perfecta
forma que supo Dios desde el principio.
En el espejo de esta noche alcanzo
mi insospechado rostro eterno. El círculo
se va a cerrar. Yo aguardo que así sea.

---

[3] **manchado**—spotted, stained.
[4] belfos—the lips of a horse.

Pisan mis pies la sombra de las lanzas
que me buscan. Las befas[5] de mi muerte,
los jinetes, las crines, los caballos,
se ciernen sobre mí. . . Ya el primer golpe,
ya el duro hierro que me raja[6] el pecho,
el íntimo cuchillo en la garganta.

---

[5] befas—gibes, jeers, taunts.

[6] raja—slice, cut, split.

PREGUNTAS

1. ¿Quién es el protagonista de este poema? ¿Qué sabes de su destino?

2. ¿Qué actitud transmite el protagonista ante su destino? Ilustra tu respuesta con ejemplos del texto.

3. "El círculo se va a cerrar". ¿A qué crees que se refiere el protagonista con la palabra "círculo"?

La luna

*Borges establece en este breve texto una continuidad entre la luna
que vemos a diario y aquella que han visto nuestros antepasados.
Este poema se cuenta entre uno de sus más populares.*

Cuenta la historia que en aquel pasado
Tiempo en que sucedieron tantas cosas
Reales, imaginarias y dudosas,
Un hombre concibió el desmesurado

Proyecto de cifrar el universo
En un libro y con ímpetu infinito
Erigió el alto y arduo manuscrito
Y limó y declamó el último verso.

Gracias iba a **rendir**[1] a la fortuna
Cuando al alzar los ojos vio un **bruñido**[2]
Disco en el aire y comprendió, **aturdido**,[3]
Que se había olvidado de la luna.

---

[1] **rendir**—to render; to give thanks or homage.

[2] **bruñido**—shine, gloss.

[3] **aturdido**—flustered, confused.

La historia que he narrado aunque **fingida**,[4]
Bien puede figurar el **maleficio**[5]
De cuantos ejercemos el oficio
De cambiar en palabras nuestra vida.

Siempre se pierde lo esencial. Es una
Ley de toda palabra sobre el numen.[6]
No la sabrá eludir este resumen
De mi largo comercio con la luna.

No sé dónde la vi por vez primera,
Si en el cielo anterior de la doctrina
Del griego o en la tarde que declina
Sobre el patio del pozo y de la higuera.

Según se sabe, esta mudable vida
Puede, entre tantas cosas, ser muy bella
Y hubo así alguna tarde en que con ella
Te miramos, oh luna compartida.

Más que las lunas de las noches puedo
Recordar las del verso: la hechizada
Dragon moon que da horror a la balada
Y la luna sangrienta de Quevedo.

De otra luna de sangre y de escarlata
Habló Juan en su libro de feroces
Prodigios y de júbilos atroces;
Otras más claras lunas hay de plata.

Pitágoras con sangre (narra una
Tradición) escribía en un espejo
Y los hombres leían el reflejo
En aquel otro espejo que es la luna.

---

[4] **fingida**—false.

[5] **maleficio**—curse, spell.

[6] numen—poetic inspiration.

De hierro hay una selva donde mora
El alto lobo cuya extraña suerte
Es derribar la luna y darle muerte
Cuando enrojezca el mar la última aurora.

(Esto el Norte profético lo sabe
Y también que ese día los abiertos
Mares del mundo infestará la **nave**[7]
Que se hace con las uñas de los muertos.)

Cuando, en Ginebra o Zürich, la fortuna
Quiso que yo también fuera poeta,
Me impuse, como todos, la secreta
Obligación de definir la luna.

Con una suerte de estudiosa pena
Agotaba modestas variaciones,
Bajo el vivo temor de que Lugones
Ya hubiera usado el ámbar o la arena.

De lejano marfil, de humo, de fría
Nieve fueron las lunas que alumbraron
Versos que ciertamente no lograron
El arduo honor de la tipografía.

Pensaba que el poeta es aquel hombre
Que, como el rojo Adán del Paraíso,
Impone a cada cosa su preciso
Y verdadero y no sabido nombre.

Ariosto me enseñó que en la dudosa
Luna moran los sueños, lo inasible
El tiempo que se pierde, lo posible
O lo imposible, que es la misma cosa.

De la Diana triforme Apolodoro
Me dejó divisar la sombra mágica;
Hugo me dio una hoz que era de oro,
Y un irlandés, su negra luna trágica.

---

[7] **nave**—ship, boat.

Y, mientras yo sondeaba aquella mina
De las lunas de la mitología,
Ahí estaba, a la vuelta de la esquina,
La luna celestial de cada día.

Sé que entre todas las palabras, una
Hay para recordarla o figurarla.
El secreto, a mi ver, está en usarla
Con humildad. Es la palabra *luna*.

Ya no me atrevo a macular su pura
Aparición con una imagen vana;
La veo indescifrable y cotidiana
Y más allá de mi literatura.

Sé que la luna o la palabra *luna*
Es una letra que fue creada para
La compleja escritura de esa rara
Cosa que somos, numerosa y una.

Es uno de los símbolos que al hombre
Da el hado o el azar para que un día
De exaltación gloriosa o de agonía
Pueda escribir su verdadero nombre.

PREGUNTAS

1. ¿Qué quiere demostrar y de qué quiere disculparse Borges mediante la exposición de las cinco primeras estrofas?

2. ¿Cómo se produce el primer encuentro del autor con la luna? ¿Cómo describe su belleza y su enigmático carácter?

3. Después de muchos intentos fracasados de describir la luna, ¿de qué se da cuenta Borges? Ilustra tu respuesta con ejemplos del texto.

4. ¿Por qué dirías tú que este poema se cuenta entre uno de los más populares de Borges?

Arte poética

Este poema presenta las nociones básicas de la teoría poética de Borges. En él se mencionan cuestiones esenciales para el autor, como son los símbolos y la búsqueda de la eternidad. La idea borgiana que domina en el poema es la de que no hay trabajo literario original, sino que todo libro tiene su origen en otros libros del pasado. Por ello, se encuentran constantes referencias a conocidas metáforas tradicionales, como son la vida vista como un sueño y como un río o el arte imaginado como espejo.

Mirar el río hecho de tiempo y agua
Y recordar que el tiempo es otro río,
Saber que nos perdemos como el río
Y que los rostros pasan como el agua.

Sentir que la vigilia es otro sueño
Que sueña no soñar y que la muerte
Que teme nuestra carne es esa muerte
De cada noche, que se llama sueño.

Ver en el día o en el año un símbolo
De los días del hombre y de sus años,

Convertir el ultraje de los años
En una música, un rumor y un símbolo,

Ver en la muerte el sueño, en el ocaso
Un triste oro, tal es la poesía
Que es inmortal y pobre. La poesía
Vuelve como la aurora y el ocaso.

A veces en las tardes una cara
Nos mira desde el fondo de un espejo;
El arte debe ser como ese espejo
Que nos revela nuestra propia cara.

Cuentan que Ulises, harto de prodigios,
Lloró de amor al divisar su Itaca
Verde y humilde. El arte es esa Itaca
De verde eternidad, no de prodigios.

También es como el río interminable
Que pasa y queda y es cristal de un mismo
Heráclito inconstante, que es el mismo
Y es otro, como el río interminable.

PREGUNTAS

1. ¿Por qué compara Borges el tiempo con el río?

2. ¿Cómo es la estructura de este poema? ¿Cuál puede ser
   la razón por la que Borges escribió en esta estructura?

3. ¿Cuál es la idea central de este poema?

El Golem

Borges discute uno de sus intereses, la cábala hebrea, en este poema. Su originalidad es múltiple e incluye la rima de las palabras Golem y Scholem. Gershom Scholem es el académico que abrió el tema de la cábala al Occidente. Fue amigo del argentino.

Si (como el griego afirma en el Cratilo)
El nombre es arquetipo de la cosa,
En las letras de *rosa* está la rosa
Y todo el Nilo[1] en la palabra *Nilo*.

Y, hecho de consonantes y vocales,
Habrá un terrible Nombre, que la esencia
Cifre de Dios y que la Omnipotencia
Guarde en letras y sílabas cabales.

---

[1] Nilo—Nile; a river of northeastern Africa.

Adán y las estrellas lo supieron
En el Jardín. La herrumbre del **pecado**[2]
(Dicen los cabalistas) lo ha borrado
Y las generaciones lo perdieron.

Los artificios y el candor del hombre
No tienen fin. Sabemos que hubo un día
En que el pueblo de Dios buscaba el Nombre
En las vigilias de la judería.

No a la manera de otras que una vaga
Sombra insinúan en la vaga historia,
Aún está verde y viva la memoria
De Judá León, que era rabino en Praga.

Sediento de saber lo que Dios sabe,
Judá León se dio a permutaciones
de letras y a complejas variaciones
Y al fin pronunció el Nombre que es la Clave,

La Puerta, el Eco, el Huésped y el Palacio,
Sobre un muñeco que con torpes manos
labró, para enseñarle los arcanos
De las Letras, del Tiempo y del Espacio.

El simulacro alzó los soñolientos
Párpados y vio formas y colores
Que no entendió, perdidos en rumores
Y ensayó temerosos movimientos.

Gradualmente se vio (como nosotros)
Aprisionado en esta red sonora
De Antes, Después, Ayer, Mientras, Ahora,
Derecha, Izquierda, Yo, Tú, Aquellos, Otros.

(El cabalista que ofició de numen
A la vasta criatura apodó Golem;
Estas verdades las refiere Scholem
En un docto lugar de su volumen.)

---

[2] **pecado**—sin.

El rabí le explicaba el universo
*"Esto es mi pie; esto el tuyo; esto la **soga**.*[3]
Y logró, al cabo de años, que el perverso
Barriera bien o mal la sinagoga.

Tal vez hubo un error en la grafía
O en la articulación del Sacro Nombre;
A pesar de tan alta hechicería,
No aprendió a hablar el aprendiz de hombre.

Sus ojos, menos de hombre que de perro
Y harto menos de perro que de cosa,
Seguían al rabí por la dudosa
Penumbra de las piezas del encierro.

Algo anormal y **tosco**[4] hubo en el Golem,
Ya que a su paso el gato del rabino
Se escondía. (Ese gato no está en Scholem
Pero, a través del tiempo, lo adivino.)

Elevando a su Dios manos filiales,
Las devociones de su Dios copiaba
O, estúpido y sonriente, se ahuecaba
En cóncavas zalemas orientales.

El rabí lo miraba con ternura
Y con algún horror. *¿Cómo* (se dijo)
Pude engendrar este penoso hijo
*Y la inacción dejé, que es la **cordura**?*[5]

¿Por qué di en agregar a la infinita
Serie un símbolo más? ¿Por qué a la vana
Madeja[6] *que en lo eterno se devana,*
Di otra causa, otro efecto y otra cuita?

---

[3] **soga**—rope.

[4] **tosco**—crude, unpolished, unrefined.

[5] **cordura**—prudence, good sense, judiciousness, wisdom.

[6] **Madeja**—skein, coil of thread.

En la hora de angustia y de luz vaga,
En su Golem los ojos detenía.
¿Quién nos dirá las cosas que sentía
Dios, al mirar a su rabino en Praga?

PREGUNTAS

1. Tras la lectura de este texto, ¿qué intuyes que es el Golem?

2. ¿Con qué tipo de magia lo creó el rabino Judá León y con qué finalidad? ¿Cuál fue el resultado de su magia?

3. ¿Qué buscaba el pueblo de Dios? ¿Qué representa el Golem para el pueblo de Dios?

4. Compara el tema de este poema con el del cuento *Las ruinas circulares*.

Israel

Borges escribió este poema heroico tras la Guerra de los Seis Días. En él Borges establece su empatía con el joven estado de Israel, creado en 1948.

Un hombre encarcelado y **hechizado**,[1]
un hombre **condenado**[2] a ser la serpiente
que guarda un oro infame,
un hombre condenado a ser Shylock,
un hombre que se inclina sobre la tierra
y que sabe que estuvo en el Paraíso,
un hombre viejo y ciego que ha de romper
las columnas del templo,
un rostro condenado a ser una máscara,
un hombre que a pesar de los hombres
es Spinoza y el Baal Shem y los cabalistas,
un hombre que es el Libro,
una boca que alaba desde el abismo

---

[1] **hechizado**—bewitched.
[2] **condenado**—condemned.

la justicia del firmamento,
un procurador o un dentista
que dialogó con Dios en una montaña,
un hombre condenado a ser el **escarnio**,[3]
la abominación, el judío,
un hombre **lapidado**,[4] **incendiado**[5]
y **ahogado**[6] en cámaras letales,
un hombre que se obstina en ser inmortal
y que ahora ha vuelto a su batalla,
a la violenta luz de la victoria,
hermoso como un león al mediodía.

---

[3] **escarnio**—contempt.

[4] **lapidado**—stoned.

[5] **incendiado**—burned, set on fire.

[6] **ahogado**—drowned, stifled.

PREGUNTAS

1. ¿A quién se está refiriendo Borges en este poema a través de las múltiples alusiones que expone? Ejemplifica tu respuesta con algunas de esas alusiones.

2. ¿Qué sentimientos crees que tiene Borges como individuo ante el sufrimiento del pueblo de Israel que expone a lo largo de este poema?

3. Comenta la metáfora con la que Borges concluye este poema: "hermoso como un león al mediodía".

RECONOCIMIENTOS

Índice